MEMOIRE

POUR

Noble Jean-Pierre Ferrier du Chatelet, ci-devant pourvû d'un Office de Conseiller au Conseil Souverain d'Alsace, Demandeur & Plaignant.

CONTRE

Messire Jean-Baptiste Gomé, Conseiller audit Conseil, Défendeur & Accusé.

POUR servir de réponse à un Imprimé de cent vingt-huit pages, ayant pour titre : *Factum pour Messire Jean-Baptiste Gomé, Conseiller au Conseil Supérieur de Colmar, Plaignant & Demandeur en réparation. Contre Jean-Pierre Ferrier, Avocat en Parlement, Défendeur & Accusé.*

LES qualités de *Demandeur & Plaignant*, que l'Accusé a affecté prendre, avoient déja annoncé son nouveau projet de faire revivre ses prétendus anciens moyens & de renouveller les mêmes incidens qui ont fait la matiere des immenses involutions de Procédures que le Plaignant a eu à soûtenir avant que de pouvoir être admis à la poursuite de la plainte, qu'il avoit originairement portée contre l'Accusé.

C'est sur le faux principe de cette premiere ouverture que l'Accusé dans son *Factum*, ose réclamer l'autorité & la force de la chose jugée & qu'il tente d'établir ce moyen sur la disposition de l'Arrêt du Conseil d'en haut du 13. Novembre 1723. surpris sans que le Plaignant eût été entendu ni apellé; il invoque encore les Arrêts du Parlement de Metz rendu en conséquence de cette premiere surprise, il y étale un enchainement de sophismes, qui ne tendent à rien moins qu'à faire douter si en pleine connoissance de cause & ensuite d'une instance contradictoire, le Roy a pû recevoir les trés-humbles representations d'un de ses Sujets oprimé & se déterminer à révoquer un Arrêt, que l'on n'avoit fait paroître, comme rendu de son propre mouvement, qu'en abusant de son nom & de son autorité souveraine pour mieux colorer une surprise téméraire.

S'il pouvoit jamais y avoir quelques raisons légitimes de déguiser l'ordre & la qualité des faits importans; l'Accusé loin de rapeller l'histoire artificieuse de la surprise de l'Arrêt du 13. Novembre 1723. & de tout ce qui s'en est suivi, il auroit eu un interêt sensible d'en suprimer, s'il le pouvoit, jusqu'aux moindres vestiges.

Il ne peut parler de cet événement sans retracer l'image de la vexation

A

inoüie qu'il a exercée contre le Plaignant, ni fans rapeller l'idée des extrêmités aufquelles il s'eft porté pour acquerir une honteufe difpenfe de rendre compte de fes actions.

L'Arrêt du Confeil Souverain d'Alface du 22. Septembre 1723. dont il a pourfuivi la caffation avec tant d'empreffement, ne tendoit qu'à éclaircir la vérité des faits, cet examen n'auroit pas eu de quoi étonner un homme pur : néanmoins l'Accufé juftement allarmé de cette recherche & enfin defefperé de ce que fa Requête avoit été rejettée au Bureau des Caffations, employe les derniers efforts pour fe relever de cet échec, qui fembloit être fans reffource; il obtient l'expédition d'un Arrêt, que l'on fupofoit comme rendu en commandement en date du 13. Novembre 1723. & par lequel on fupofoit que le Roy de fon propre mouvement, après avoir caffé tout ce qui avoit été fait au Confeil Souverain d'Alface, renvoyoit le Procés & les Parties au Parlement de Metz, pour y être jugé fur les principes & fur les maximes énoncées dans cet Arrêt extraordinaire & qui étoient tous trés-ouvertement décidés en faveur de l'Accufé.

Le coup étoit trop marqué pour n'avoir pas fait prévoir qu'il occafionneroit des remontrances; on s'y prépara, les premiéres démarches que le Plaignant fit à ce fujet, furent dans leur premier origine réputées criminelles, attentatoires & defpectueufes, menacé de violence & de certains coups d'autorité; il ne put s'en mettre à couvert, qu'en fe retirant dans les Pays étrangers; cette retraite raffura les Auteurs de la furprife & ce fut pendant cette abfence forcée que l'Accufé obtint au Parlement de Metz les Arrêts dont il parle avec tant d'oftentation & qui n'étoient qu'une fuite & une exécution de celui du Confeil d'Etat; tel eft le principal fondement de la faftueufe apologie de l'Accufé & des fins de non-récevoir par lui anciennement imaginées & aujourd'hui renouvellées contre les pourfuites du Plaignant.

C'eft fans pudeur que pour foûtenir ce fiftéme, l'Accufé affecte d'ignorer l'ordre exact & la forme fcrupuleufe dans laquelle les chofes ont été remifes dans l'ordre naturel de l'équité; il fupofe dans les pages 12. & 13. de fon Factum : *que fur une Requête non communiquée; le Plaignant fit ordonner que toutes les Procédures feroient portées au Greffe du Confeil d'Etat & qu'enfuite de cet envoy, le Confeil d'Etat rendit l'Arrêt du 8. Janvier 1729. qui caffe ceux du Parlement de Metz, remet les Parties au même état, où elles étoient avant l'Arrêt du même Confeil du 13. Novembre 1723. en conféquence renvoye les Parties au Confeil d'Alface.*

Pourquoi fupofer que tout cela fe foit fait fans que l'Accufé ait été apellé ni entendu? il importe de rapeller fuccinctement l'ordre & l'objet de l'inftance contradictoire, fur laquelle le Confeil d'en haut a rendu fon Arrêt du 8. Janvier 1729.

Par un premier Arrêt du 18. Decembre 1727. rendu fur Requête, il fut ordonné que toutes les Procedures feroient portées au Greffe du Confeil; c'eft fur le vû de toutes ces Procedures qu'il intervint un autre Arrêt du 29. May 1728. en ces termes & dont l'Accufé ne parle point : *Le Roy en fon Confeil a ordonné & ordonne, que la Requête du Sieur Ferrier inférée dans l'Arrêt du Confeil d'Etat du 18. Decembre 1727. fera communiquée au Sieur Jean-Baptifte Gomé pour y fournir de réponfes dans le délai du Réglement, & être par les Sieurs de Saint Conteft, de Lamoignon de Courfon, le Guerchois, de Bernage, Ferrand, de Machault & d'Argenfon Confeillers d'Etat, & le Sieur Aubert de Tourny Maître des Requêtes, que Sa Majefté a commis à cet effet, donné leurs avis à Sa Majefté au raport dudit Sieur Aubert de Tourny, fur le contenu en ladite Requête, enfemble fur les Réponfes dudit Sieur Gomé, piéces & mémoires qui pourront être joints de fa part & de celle dudit Ferrier & fur le vû des charges, informations, enquêtes, procés verbaux & autres procedures aportées au Greffe du Confeil pour l'avis defdits Sieurs Commiffaires vû & raporté, être par Sa Majefté ordonné ce qu'il apartiendra. Fait au Confeil d'Etat du Roy, Sa Majefté y étant. Tenu à Verfailles le 29. May 1728.*

L'Accufé fut affigné en execution de cet Arrêt, il conftitua un Avocat & le 30. Août 1728. il fit fignifier une trés-ample Requête, où il prit les conclufions fuivantes. *A ces Caufes, Sire, plaife à vôtre Majefté donner acte au Supliant de ce que pour fatisfaire à l'Arrêt de foit communiqué du 29. May dernier, à lui fignifié le 19. Juin fuivant & pour réponfe à la Requête de Ferrier fils, il employe le contenu en la prefente Requête, enfemble les piéces qu'il joindra par bref inventaire, en conféquence faifant droit fur l'inftance des Requêtes refpectives, déclarer ledit Ferrier non recevable, ou en tout cas mal fondé dans fes demandes avec dépens, fauf au Supliant à fe pourvoir par les voyes qu'il avifera bon être pour fes dommages & interêts & la radiation des termes injurieux & diffamatoires portés par lefdites Requêtes & le Supliant continuëra fes prieres pour la confervation de la fanté de Vôtre Majefté. Signé Gomé & Dumond Avocat.*

Cette Requête de l'Accufé tendoit à établir les mêmes fins de non-recevoir & les autres moyens qui font aujourd'hui tranfcrits dans fon nouveau Factum; tous ces moyens furent folidement réfutés par une piéce d'écritures fignifiée le 20. Octobre 1728. & qui eft produite au Procés; l'affurance avec laquelle l'Accufé avoit tenté de renverfer l'ordre de tous les faits & d'hazarder fur chaque circonftance importante des fupofitions, qui étoient détruites par la teneur même des piéces du Procés, obligea l'Avocat du Plaignant de divifer fa réponfe en fix parties remarquables, dont chacune contenoit un état particulier des fauffetés alleguées dans la Requête de l'Accufé.

Cette méthode pourroit paroître avoir quelque chofe de dur, s'il ne paroiffoit au Procés que l'Accufé, ni fon Avocat n'ont jamais ofé fe juftifier des fupofitions qu'on leur reprochoit ouvertement; loin delà le raport de l'inftance ayant été commencé & continué pendant trois fcéances; l'Accufé inftruit de l'exactitude avec laquelle on avoit jufqu'alors procedé à la vérification de tout ce qui avoit été allégué de part & d'autre, fit fignifier une nouvelle piéce d'Écritures le 13. Novembre 1728. par laquelle, confus d'avoir avancé les premieres fupofitions & hors d'état de répondre aux juftes reproches qu'elles lui avoient attirés, il s'efforçoit d'établir un nouveau fiftéme fur des principes & des faits trés-differens de ceux qu'il avoit hazardés dans fa premiere Requête; on ne daigna pas répondre à ce nouveau fiftéme, mais l'Accufé par cette conduite juftifia pleinement celle que l'Avocat du Plaignant avoit tenuë, tout ce que l'Accufé a écrit & produit eft exactement vifé dans l'Arrêt du Confeil d'en haut du 8. Janvier 1729. rendu fur le vû des productions refpectives & des minutes de toutes les Procedures qui y font pareillement vifées.

C'eft donc enfuite d'une inftance contradictoire & en trés-grande connoiffance de caufe que cet Arrêt a été rendu, qu'il a remis les chofes dans l'ordre naturel de la Juftice & de la Procedure qui avoit été interrompuë à la faveur de l'Arrêt du 13. Novembre 1723. lequel Sa Majefté a révoqué & a caffé & annullé tout ce qui s'en étoit fuivi, l'Accufé en affectant d'ignorer l'ordre, les motifs & la forme de cet événement, ne craint point de donner atteinte à l'opinion qu'il veut infpirer de fa fincérité.

Renvoyé au Confeil Souverain d'Alface, il y reprend les conclufions dont il avoit été débouté précédemment, il y conclut aux mêmes fins de non-recevoir tirées de la prétenduë anteriorité de fa plainte, du défaut de qualité qu'il imputoit à fon Accufateur, de l'autorité de la chofe jugée, du prétendu acquiefcement du Pere du Plaignant, il eft débouté de toutes ces fins par l'Arrêt du Confeil Souverain d'Alface du 9. Juillet 1729. qui prononce enfuite fur le fond qui le décréte & ordonne une information & répétition des Témoins; en conféquence defquelles le Procés eft inftruit par contumace; l'Accufé fe pourvoit de nouveau en caffation; mais avant faire droit fur fa Requête; on ordonna l'aport des minutes de toutes les Procédures, fur le vû defquelles il eft débouté de fa Requête en caffation.

Le Procés & les Parties renvoyées au Parlement de Befançon, l'Accufé n'héfite pas d'y expofer que l'Arrêt du Confeil Souverain d'Alface du 9.

Juillet 1729. a été caffé par celui du Confeil d'Etat du 19. Mars 1731. dont il attaque les difpofitions, fous prétexte de les interpréter ; la partie la plus confidérable de fon Factum a pour objet la révifion des inftances contradictoirement & irrévocablement jugées entre les Parties : *Si donc Monfieur Gomé examine dans le détail les Dépofitions des Témoins,* (dit-il lui même, page 37.) *c'eft fans néceffité, ce n'eft que furabondamment.*

C'eft au contraire de cet examen que dépend la décifion de tout ce qui refte à juger entre les Parties ; c'eft le feul & unique objet du Procés en l'état où il eft & auquel la Cour même vient de le fixer par fes Arrêts des 26. & 28. Janvier 1732. par le premier defquels elle a ordonné qu'il feroit mis néant pour le préfent fur la Requête de l'Accufé à fin d'élargiffement ; & par le fecond, en ordonnant le recolement & la confrontation des Témoins.

Ces difpofitions doivent fans doute démouvoir l'Accufé de toutes les illufions, qu'il a tenté de répandre fur l'état préfent de la Procédure.

Le Plaignant fe contente d'avoir fuccintement rapellé les circonftances les plus effentielles de ce qui s'eft fait & qui font plus amplement déduites dans les Requêtes & Pieces jointes au Procés ; il paffe à un point plus important qui eft l'examen des preuves acquifes contre l'Accufé.

Obfervations préliminaires fur les différentes Procédures, dont réfultent les charges acquifes contre l'Accufé.

LEs premieres charges réfultent de la forme des Enquête & contr'Enquête faites par l'Accufé au mois d'Octobre 1720. & Février 1721. dont les minutes ont été jointes au Procés ; des ratures, renvois & apoftilles qui s'y trouvent & dont on relevera les conféquences en raportant les dépofitions des Témoins qui parlent des caufes de ces différens changemens & des altercations qu'ils ont occafionnés entre le Commiffaire & les Témoins.

L'Enquête fur faits juftificatifs faite au mois d'Octobre 1723. en exécution de l'Arrêt du Confeil Souverain d'Alface du 22. Septembre de la même année, renferme le fecond genre de preuves acquifes contre l'Accufé ; le Confeil Souverain d'Alface pénétré de la néceffité qu'il y avoit de pourfuivre l'Accufé à l'extraordinaire, ordonna par fon Arrêt du 9. Juillet 1729. qu'il feroit informé & que les Témoins oüis précédemment dans ladite Enquête, feroient répétés & pourroient être entendus fur les autres faits, dont étoit plainte ; mais comme pendant le long interval de tems qui s'étoit écoulé depuis cette Enquête jufqu'à l'inftruction extraordinaire, plufieurs Témoins oüis dans l'Enquête pouvoient être décédés ; le Confeil Souverain d'Alface pour s'affurer des preuves déja réfultantes de cette Enquête, ordonna par le même Arrêt, qu'elle demeureroit jointe au Procés ; il n'eft pas difficile de pénétrer les motifs de cette fage difpofition.

1°. Cette Enquête étoit parfaite & elle étoit revêtüe de toutes les formes requifes en ce genre de Procédure ; il n'eft donc pas étonnant qu'en cet état de perfection on l'ait jointe au Procès, comme une preuve écrite des faits dont étoit plainte.

2°. C'étoit par le propre fait de l'Accufé que la Procédure avoit été fufpenduë, ce fait avoit été frauduleux & accompagné de violence ; des voyes de cette nature ne peuvent jamais être utiles à leur auteur : elles infpirent feules un jufte foupçon contre celui qui fe procure des moyens fi extraordinaires & fi honteux, pour tenir la vérité comme captive pendant un grand nombre d'années ; on fentoit cependant bien que le nombre des Témoins oüis dans cette Enquête étoit trop confidérable pour ne pas préfumer qu'il y en refteroit encore fuffifamment pour confirmer dans la répétition la premiere preuve ; mais il auroit été d'un dangereux exemple de l'abandonner cette premiere preuve.

La jonction en a été faite au Procés fur les requifitions du Parquet ;

il fçaura les motifs de cette demande ; quant au Plaignant, comme il n'a aucun interêt à la pourfuite des peines encouruës par l'Acufé, il feroit indépendemment de cette jonction en droit de reclamer cette Enquête comme une preuve complette qui doit produire tous les effets, en ce qui touche les fins civiles, cela eft d'autant moins douteux, que quoique l'Accufé dans les mouvemens les plus empreffés à fe procurer des moyens de caffation contre l'Arrêt qui entre autres ordonne cette jonction, ait fait épuifer l'imagination de fes Confeils pour trouver quelque irrégularité dans cet Arrêt, il n'a cependant jamais ofé fe plaindre directement de cette jonction, il ne paroit pas même par fon Factum, qu'il s'en plaigne aujourd'huy, loin de là, il y reconnoit, & il y parle de cette Enquête, comme d'une Piece du Procés en état de produire fes effets, il ne l'a contredit que par forme d'atténuations des charges qui en réfultent.

La répétition & l'information faite en éxécution de l'Arrêt du Confeil Souverain d'Alface du 9. Juillet 1729. eft compofée en partie des mêmes Témoins qui avoient été oüis dans l'Enquête fur faits juftificatifs & en partie d'autres Témoins, dont les uns ont été nommés par le Plaignant pour faits qui le touchent perfonnellement, les autres ont été oüis fur faits, aufquels le Plaignant ne prend point de part & qui n'intereffent que le miniftére public.

Cette derniere procédure a confirmé & augmenté les premieres preuves du Plaignant fur les faits & moyens de prife à Partie, quant aux autres charges acquifes à la pourfuite de Monfieur le Procureur General, elles prouvent que long-tems avant la prife à Partie, l'Accufé a été mal famé dans la Province d'Alface & que les éxcés, dont quelqu'uns font détaillés, luy ont attirés cette mauvaife réputation ; on a joint à ce genre de preuves l'éxpédition d'un Arrêt du Confeil Souverain d'Alface du 11. Avril 1696. rendu contradictoirement en matiere civile entre l'Accufé & le Sieur Jacquinet Greffier en chef & par lequel il eft incidemment ordonné, qu'il fera informé des concuffions commifes par l'Accufé en fa qualité de Commis pour lors au Greffe du Confeil d'Alface, l'Accufé a fçû prévenir & arrêter cette recherche en apaifant fon Accufateur, mais il ne s'eft jamais juftifié.

Le Confeil Souverain d'Alface par fon Arrêt du 9. Juillet 1729. a encore joint au Procés les originaux de l'Ordonnance de l'Accufé & des Affignations données en conféquence aux fins de procéder à l'Enquête du mois d'Octobre 1720. comme contenans une preuve écrite de la fauffeté du Procés verbal de ladite Enquête auffi jointe au Procés.

Réfutation des prétendus moyens de reproches allégués contre quelques Témoins.

ON fait fur le chef des reproches une obfervation generale, qui s'aplique à tous les reproches particuliers que l'Accufé propofe, c'eft qu'il réfulte de fon Factum imprimé avant la confrontation, qu'il a eu avant cette confrontation, copie des dépofitions de tous les Témoins, il n'eft pas étonnant qu'il fe foit attaché à reprocher ceux qui le chargent le plus : l'Article XIX. du titre des Recolemens & Confrontations s'éxplique en ces termes. *L'Accufé ne fera plus reçû à fournir de reproches contre le Témoin aprés qu'il aura entendu la lecture de fa dépofition.* : encore moins doit-il dans le même efprit y être admis aprés qu'il s'eft frauduleufement & par fubornation procuré des copies des dépofitions.

Il reproche le Sieur Rieden Avocat fous prétexte que ce Témoin a été Avocat du Plaignant, il eft vray qu'avant la prife à Partie le Plaignant a dans quelque occafion demandé quelques avis au Sieur Rieden, comme cela fe pratique familierement entre Confréres ; mais il ne luy en a demandé aucun depuis la prife à Partie, c'eft ce qu'atefte ce Témoin qui eft irréprochable, il n'a jamais été l'Avocat du Plaignant, ny confulté fur le

6

fait dont il s'agit & quand on en feroit en d'autres termes, il feroit aifé
de juftifier par l'autorité de differens Arrêts, qu'un Avocat peut rendre témoignage de ce qu'il fçait de fon chef, mais non du chef de la Partie
qui l'a confulté. Le Sieur Rieden raporte les circonftances remarquables d'un
entretien particulier qu'il a eu avec l'Accufé un an avant le Procés d'entre les
Parties ; le reproche a été rejetté par l'Arrêt du Confeil Souverain d'Alface du 9. Juillet 1729.

Les Sieurs Chauffour font fufpects à l'Accufé, parce qu'il font alliés de
Jean-Baptifte Queffemme lequel a été Procureur du Sieur Ferrier Pere,
mais toutes les Procédures dont il s'agit prouvent que Queffemme n'eft
pas en caufe, foit en qualité de Procureur, foit en celle de Partie. L'Article XI du Titre des Enquêtes n'admet les reproches pour caufe de parenté que contre les Témoins, Parens ou Alliés des Parties qui font actuellement en Caufe ; les Sieurs Chauffour ne font Parens ny Alliés du Plaignant, ce font d'ailleurs gens revêtus de caracteres qui les rendent irréprochables.

En infiftant fur ce reproche, l'Accufé fupofe contre vérité & contre la
teneur des Pieces que Queffemme ayant été impliqué dans l'affaire du
Procés Verbal de prétenduës infultes, il a été condamné à une réparation par l'Arrêt du Confeil Souverain d'Alface du 17. Mars 1723. qu'il
eft difficile qu'il n'en n'ait pas confervé du reffentiment & que ce reffentiment peut s'étendre jufqu'à fes Alliés.

L'Arrêt dont il parle prouve au contraire, que l'Accufé n'a pris aucunes conclufions contre ce Procureur, ny celuy-ci contre l'Accufé ;
cet Arrêt loin de condamner Queffemme le décharge d'office diffinitive-
ment.

On n'avoit d'ailleurs feint de vouloir impliquer ce Procureur dans cette
affaire que pour l'ébranler & le porter à charger le Plaignant dans fes
réponfes à l'interrogatoire qu'on luy avoit fait prêter fur le fait des prétenduës infultes ; mais quand il feroit vray qu'alors ce Procureur auroit eu
quelque démêlé avec l'Accufé, le long laps de tems auroit couvert toute
fufpicion, puifque même un Juge ne peut être recufé pour caufe de me-
naces, à moins qu'elles n'ayent été faites dans les fix mois avant la re-
cufation propofée fuivant l'Article VIII. de l'Ordonnance de 1667. Titre
des Reculations.

Enfin il ne s'agit pas du témoignage de Queffemme, les reproches font
perfonnels, ils ne s'entendent pas d'une perfonne à l'autre ; le témoignage
des Sieurs Chauffour ne peut en aucune façon être utile à Queffemme,
l'Accufé n'ayant rien eu de perfonnel à propofer contre les Sieurs Chauffour ; l'Arrêt du neuviéme Juillet 1729. l'a débouté du frivol prétexte de
reproche qu'il renouvelle contre eux.

Jofeph Lafnier Commis-Greffier qui a écrit les Enquêtes fous la diction
de l'Accufé étoit un Témoin trop important pour n'avoir pas fait naître
l'idée de le reprocher ; l'Accufé fupofe donc que le Greffier ayant écrit
& figné toutes les Dépofitions : il ne pouvoit pas dépofer fans revenir
contre fon propre fait & fans fe charger lui-même.

Ce reproche a déja été rejetté à Colmar, on y obferva que les bornes
du devoir d'un Greffier font fi étroitement refferrées en matiere d'Enquête,
qu'il n'eft en cette occafion apellé que *manus judicis* ; on le vérifiera par un
exemple fenfible, qui eft qu'autre fois il y avoit des Ajoints aux Enquêtes, fouvent ces Offices étoient abufivement unis à ceux des Greffiers aux Enquêtes, depuis l'abrogation des Offices d'Ajoints ; quelques Greffiers qui
en avoient été Titulaires fe pourvûrent pour la confervation de leurs Offices de Greffiers ; il y eût Arrêt du Confeil d'Etat du 20. May 1667. raporté dans le Recuëil des Arrêts donnés en interprétation des nouvelles
Ordonnances, par lequel il fut permis aux Impétrans, *de continuer les fonc-*
tions de Greffiers aux Enquêtes, fans néanmoins (eft-il ajoûté,) *pouvoir*
y faire aucunes fonctions d'Ajoints : Cette diftinction prouve qu'il n'eft pas
permis à un Greffier de concourir avec le Commiffaire fur la façon & fur

es termes dans lesquels les Dépositions doivent être rédigées, astraint à écrire non, ce qu'il entend de la bouche du Témoin, mais tout ce qu'il plait à son Commissaire de lui dicter, il n'est que spectateur désinteressé des autres faits qui se passent en sa présence & sur lesquels il ne lui est pas permis de contredire son supérieur; ce Greffier étoit un Témoin nécessaire, il n'avoit pas été du choix du Plaignant qui étoit Défendeur en l'Enquête, dans laquelle l'Accusé a commis les malversations dont ce Témoin a déposé.

On proposa encore à Colmar un autre moyen de reproche moins général contre ce Greffier, sous prétexte d'un Arrêt du Conseil Souverain d'Alsace, qui le condamne en 3000. liv. de réparation, dommages & interéts envers une Fille majeure: *si mieux il n'aimoit l'épouser.*

Depuis que le Procès est renvoyé au Parlement de Besançon, l'Accusé change de ton, Lasnier (dit-il, page 79. de son Factum) *étoit un infâme, il étoit convaincu de Rapt & décrété de prise de Corps;* c'est à lui à en raporter l'Arrêt, il l'avoit produit au Conseil d'Etat, s'il ne le représente pas aujourd'hui, ce n'est que parce qu'il sçait qu'il n'a jamais été question de Rapt; mais seulement de Promesses de Mariage que Lasnier refusoit d'exécuter, en fondant son refus sur la prétenduë mauvaise conduite de cette Fille; il succomba dans la preuve des faits qu'il avoit avancés contre elle; l'Arrêt diffinitif ne prononce aucune peine infamante contre lui, mais seulement une condamnation de réparation, dommages & interêts, encore l'option déférée à Lasnier *d'épouser cette Fille,* suspendoit l'effet & l'exécution de la condamnation principale, Lasnier peut avoir été imprudent à poser des faits, ou malheureux dans la preuve; mais la délicatesse même imprudente d'un homme qui réfléchit sur les conséquences d'un engagement indissoluble ne peut jamais donner atteinte à ses mœurs ni à son honneur; ce fait est si certain que les Juges même, qui avoient rendu contre Lasnier l'Arrêt, dont l'Accusé veut se prévaloir, n'ont eu aucun égard au reproche fourni contre lui pour raison de ce fait; l'Accusé ne peut pas renouveller ce reproche, sous prétexte que ces circonstances étant moins connuës à Besançon, il ne risque rien de leur donner une nouvelle tournure.

Il reproche Elizabeth Giboutet sur ce fondement, que depuis sa déposition elle a marié une de ses filles à un nommé Debillaud, qu'il supose contre vérité être Parent du Plaignant; mais outre que cette Femme étoit un Témoin nécessaire, comme ayant été produite par Mr de Reinach pour déposer contre le Plaignant, & que le Mariage dont on parle ne s'est fait que très-long tems après la déposition que cette Femme a portée contre l'Accusé & que sa déposition est soûtenuë par une preuve écrite, c'est qu'il n'y a aucune parenté, affinité ou alliance quelconque entre le Plaignant & Debillaud, encore moins avec les alliés de sa Femme.

Le Sr Jean-Claude Cuënin est suspecté sur un fait assés étrange; l'Accusé supose qu'étant instruit des mauvais discours que tenoient contre son honneur les Témoins par lui entendus dans les Enquêtes & de ce qu'ils publioient hautement que lui Accusé avoit voulu les suborner ou les surprendre, il présenta sa Requête au Conseil Souverain d'Alsace & obtint Arrêt du cinquiéme Avril 1721. qui lui permettoit de faire informer de ces diffamations.

* Cet Arrêt n'a jamais paru, le Plaignant en a souvent sollicité une expédition sans avoir pû l'obtenir; il est cependant très-vrai que l'Accusé l'avoit fait rendre dans le mois d'Avril 1721. long-tems après la prise à Partie, mais il n'a jamais osé l'exécuter, parce qu'on lui fit prévoir le tort que lui feroit l'éclat d'une Plainte par lui formée contre le Public scandalisé, que la preuve qu'il feroit des discours produits par l'indignation publique retomberoit à sa charge & feroit connoître qu'il y auroit donné lieu, qu'une précaution si étrange & si prématurée à se préparer des pretextes de reproches contre tous les Témoins qui pourroient être entendus contre

lui feroit trop fufpecte & produiroit un effet tout opofé à celui qu'il efperoit d'en tirer.

Le Plaignant avoüe néanmoins que fi l'Accufé avoit fait exécuter cet Arrêt, il auroit trés-parfaitement prouvé qu'il s'étoit acquis une trés-mauvaife réputation, l'exécution de cet Arrêt auroit confervé quantité de preuves du fcandal public, lefquelles font dépéries par la mort d'un grand nombre de Témoins qui font decédés avant que le Plaignant ait été admis à prouver ce fait. Il propofe encore un autre reproche contre le Sr Cuënin, mais comme il le fonde fur un prétendu moyen de droit tiré de la teneur même de la dépofition de ce Témoin; on refutera ce moyen dans l'examen de la dépofition.

Claude Barret eſt fufpect à l'Accufé & la caufe de cette fufpicion, eſt que pendant que le Plaignant étudioit à Pourrentruy, il doit y avoir été parain de confirmation d'un des enfans du Témoin, fi le fait eſt véritable, la découverte qu'en ont fait les Emiffaires de l'Accufé ne peut que leur faire honneur & les juftifier des mauvais fuccés qu'ils ont eu dans la recherche de faits plus férieux, le Plaignant peut d'autant moins fe fouvenir de ce fait, qu'on le fupofe être arrivé pendant fon enfance, & qu'il ne connoit pas même le Fils du Témoin, mais en paffant ce fait, la prefentation d'un enfant au Sacrement de confirmation n'eſt que cérémonielle & ne produit aucune alliance fpirituelle, pas même entre le Prefentant & le Prefenté, encore moins avec le Pere du Prefenté & quand il y auroit une efpéce d'alliance fpirituelle comme elle ne pourroit avoir pour objet que des principes de Religion, elle ne pourroit jamais engager un Parent du Prefenté à fe charger d'un parjure en faveur du Prefentant. Mr de Reinach avoit produit contre le Plaignant ce Claude Barret, qui conféquemment étoit devenu Témoin néceffaire fur ce que l'Accufé avoit fait dans cette Enquête.

Ces réflêxions qu'on croit furabondantes, ferviront de réponfe au reproche fourni contre le Sr Noblat pour pareille prétenduë caufe d'alliance fpirituelle entre ledit Sr Noblat & un Frere du Plaignant; le Sr Noblat eſt Juge à Belfort il n'a jamais été récufé dans les caufes que la Famille du Plaignant a eu pendantes pardevant lui & enfin cette alliance fpirituelle ne pourroit pas s'étendre jufqu'au Plaignant.

L'Accufé fupofe que la Famille des Villin a quantité de Parens & Alliés à Belfort & comme le Pere du Plaignant avoit en premiéres Nôces époufé une Villin, il conclut d'une façon vague & generale que tous les Bourgeois de Belfort qui ont dépofé contre lui font alliés de cette Famille & conféquemment qu'ils font alliés du Plaignant; mais outre que le Plaignant n'eſt pas né de cette premiere Femme, que la branche des Villin dont elle fortoit eſt éteinte, c'eſt que de tous les Temoins oüis dans les Procédures, il n'y en n'a pas un feul qui ait été parent ou allié au degré de l'Ordonnance avec cette premiere Femme, le reproche eſt vague, & a été rejetté par l'Arrêt du 9. Juillet 1729.

Enfin l'Accufé nonobſtant toutes les recherches de fes Emiffaires fe retranche à dire que les autres Témoins font amis du Plaignant, ou débiteur de la Succeffion de fon Pere, ou qu'ils ont été fubornés, mais il ne circonftancie aucun de ces faits qui font generalement faux; l'Accufé devroit fouhaiter que le terme de fubornation fût à jamais fuprimé, accufé lui-même de fubornation n'a-t'il pas nouvellement fait tenter de fuborner les Témoins qui devoient lui être confrontés, n'y en a-t'il pas preuve acquife au Procès.

Obſervations fur l'ordre des Preuves.

SI l'Accufé a manqué de circonfpection en revélant dans fon Factum le fecret des informations; l'ordre dans lequel il raporte les dépofitions des Témoins ne manque pas d'artifice, non content d'en tronquer des circonftances importantes; il a prévû combien il feroit dangereux pour lui

de

de réünir fous un poinct de vûë & felon l'ordre des matieres les differens genres de preuves qui concernent chaque fait particulier, uniquément occupé d'embarraffer les efprits par la confufion des differens faits dont parlent les Témoins, il affecte de fuivre fans diftinction l'ordre dans lequel les Témoins ont été oüis; de forte que la dépofition d'un Témoin qui parle d'un fait, fe trouvant fuivie d'une autre fur un fait tout different, ne peut dans un fi grand nombre de dépofitions que caufer un extrême dégoût, & aporter beaucoup de confufion.

Infpiré d'un motif tout different, & dans la vûë de mettre la vérité dans fon grand jour, le Plaignant choifit une Méthode toute opofée à celle que l'Accufé a affecté de fuivre; fans s'attacher au rang dans lequel chaque Témoin a été oüi, on raportera fur la preuve de chaque fait principal toutes les dépofitions des Témoins qui en parlent, & comme il y en a plufieurs entre eux qui ont dépofé fur des faits diftincts, & indépendans les uns des autres; on raportera à chaque claffe de preuves les parties de leurs dépofitions qui y ont du raport, & on ne réfutera que par une feule & même réponfe les atténuations que l'Accufé propofe en détail contre chaque dépofition, & qui fe trouvent répanduës dans fon Factum par des répétitions étrangement multipliées.

Premieres Preuves de la Paffion de l'Accufé & du deffein par lui formé de traverfer la réception du Plaignant, avant même que celui-ci ait eu aucune difficulté perfonnelle avec Mr de Reinach.

L'Accufé qui ne peut plus fe défendre de la paffion exceffive à laquelle il s'eft laiffé emporter contre le Plaignant, veut aujourd'hui que les preuves de ces excés foient indifferentes; il dit page 83. de fon Factum: *Qu'il ne s'agit pas de fçavoir quels ont été fes fentimens fur le compte des Ferrier, s'il les a meprifé ou eftimé, haï ou aimé.* C'eft au contraire un poinct de fait qui a été nommément reçû par l'Arrêt du 22. Septembre 1723. faudra-t'il encore pour une troifiéme fois juftifier les difpofitions de cet Arrêt? les mouvemens de la paffion ne font jamais innocens même dans les actions qu'ils infpirent aux hommes du commun, mais dans ceux dont la dignité & les fonctions doivent être foûtenuës d'une innocence & d'une pureté prédominante à celle qu'on exige de toutes les autres conditions, la paffion devient un crime d'autant plus grave, qu'elle eft directement opofée à la fainteté de leur inftitution, ils ne peuvent fe rendre aux mouvemens de la paffion fans violer la premiere & la plus effentielle condition de leur engagement envers l'Etat & envers le Peuple, la paffion eft la premiere & la plus funefte fource de la prévarication, les preuves de la paffion caractérifent la malignité des faits qui l'ont fuivi, elles deviennent les preuves de la prévarication même, c'eft ce que décide fans réplique la Loy 15. §. *unico ff. de judiciis. Dolo autem malo feciffe videtur fi evidens arguatur ejus gratia vel inimicitia.*

Le Sr Jean-Jacques Rieden Avocat au Confeil Souverain d'Alface 73. Témoin de l'Enquête du mois d'Octobre 1723. dépofe: *Qu'il n'a autre connoiffance, finon qu'un jour avant que le Sieur Ferrier fils eût eu aucune difficulté avec le Sieur de Reinach, Monfieur Gomé pria le Dépofant à manger chés lui, & qu'y étant feul avec Monfieur Gomé, la converfation tomba fur le bruit qui couroit, que ledit Ferrier venoit d'acquerir un Office de Confeiller au Confeil, & qu'il épouferoit une certaine Dame; fur quoi Monfieur Gomé dit au Dépofant fur la Famille dudit Ferrier les mêmes faits, à la preuve defquels le Sieur de Reinach a été admis par la fuite, ajoûtant que ledit Ferrier ne feroit jamais reçû Confeiller, & marqua au Dépofant par plufieurs termes contre ledit Ferrier, que lui Monfieur Gomé en avoit* JALOUSIE ET PASSION TRE'S-FORTE.

Jean Remy Simmottel Procureur au Confeil cinquiéme Témoin de la même Enquête, dépofe: *Qu'étant allé un jour chés Monfieur Gomé pour le folliciter en faveur du nommé Duparc de Belfort qui avoit un Procés au Confeil, & pour lui recommander les interêts dudit Duparc fa Partie, la converfation tomba fur M. Ferrier qui venoit de traiter d'un Office de Confeiller, que Monfieur Gomé demanda au Dépofant s'il connoiffoit ledit Ferrier,*

& enfuite dit au Dépofant, qu'il ne feroit point reçû, que c'étoit une bête, & tint autres difcours par lefquels il marqua avoir PASSION ET ANIMOSITE' contre ledit Ferrier.

Guillaume Duparc Maître des Poftes à Belfort foixante-fixieme Témoin de la même Enquête, dépofe; Qu'ayant été à Colmar il y a trois ans ou plus pour folliciter un Procés, qu'il avoit au Confeil contre le Sieur Cannet de cette Ville de Belfort; & qu'ayant été rendre fes devoirs à fes Juges, il fut deux fois chés Monfieur Gomé; la premiere fois accompagné de Simmottel fon Procureur, & la feconde fois de Philippe le Bleu premier Huiffier en l'abfence dudit Simmottel, & qu'y étant la premiere fois, Mr Gomé fit tomber la converfation fur ce que M. Ferrier fils venoit d'acheter un Office de Confeiller, & s'adreffant au Dépofant fur ce qu'il étoit de Belfort, il lui demanda fi le Sieur Ferrier Pere avoit donc tant de biens; à quoi le Dépofant répondit qu'il étoit riche, & peu aprés Mr Gomé dit au Dépofant & à Simmottel que ledit Ferrier ne feroit point reçû en ladite Charge, que du moins il n'y comptoit point, il y eût encore d'autres difcours là-deffus dont le Dépofant ne fe fouvient point; & qu'à la feconde fois qu'il retourna chés Mr Gomé avec ledit le Bleu, Mr Gomé dit encore que ledit Ferrier ne feroit point reçû, & ajoûta comme une raifon que la mere dudit Ferrier avoit été Charlatanne, Mr Gomé s'informa auffi des facultés du Sieur Ferrier pere, & du nombre de fes enfans, & témoigna par fes difcours, N'ESTRE PAS DES AMIS defdits Ferrier pere & fils.

*La Dame Anne-Loüife de Ferrette veuve de feu le Sieur François Conrad de Roppe foixante-deuxiéme Témoin de la même Enquête, dépofe; Que dés le tems qu'il fut public à Colmar que M. Ferrier fils avoit acheté l'Office de Confeiller, dés lors Monfieur Gomé a tenu à la Dépofante plufieurs fois des difcours trés-injurieux audit Ferrier; difant qu'il étoit indigne de poffeder un pareil Office; que foit alors, foit depuis la Dépofante ne pouvant s'en fouvenir précifément; Monfieur Gomé lui a dit étant à Colmar que Ferrier le pere avoit été Laquais & Valet de Chambre, qu'il avoit verfé à boire à tous venans, que fa mere avoit été Charlatanne, que depuis fon retour de Belfort à Colmar aprés la premiere Enquéte il avoit plufieurs fois en prefence de la Dépofante répeté de memoire une partie de la dépofition des Témoins, qu'il citoit même leurs noms, & récitoit quelquefois leurs dépofitions dans le langage ou patois des Payfans des environs de Belfort, joignant à ces difcours beaucoup de railleries & de geftes contre ladite Dame Ferrier & fon fils, que depuis foit en Alface, foit à Paris, où la Dépofante l'a vû plufieurs fois, il a toûjours continué de marquer une paffion & haine trés-forte contre ledit Ferrier, difant quelques fois que s'étoit un âne, un fripon, un coquin, que la Dépofante l'a entendu tant de fois qu'elle n'en fçait le nombre, & que c'eft par cette raifon & l'uniformité conftante de ces mêmes difcours qu'elle ne peut fe reffouvenir précifément fi c'eft avant l'Enquéte faite à la Requéte du Sieur Reinach, & avant qu'il eût eu aucune difficulté avec le Sieur Ferrier fils, que Monfieur Gomé a commencé à lui dire les faits injurieux concernans le Sieur & la Dame Ferrier, à la preuve defquels le Sieur de Reinach a été admis par la fuite, ou bien fi ce n'eft feulement que depuis; que Monfieur Gomé n'a point fait voir à la Dépofante l'Enquéte, mais qu'il lui a récité la plus grande partie des dépofitions des Témoins, que fouvent il envoyoit prier la Dépofante fous un autre prétexte de vouloir fe trouver en une certaine maifon, & qu'y étant la converfation ne manquoit pas de roûler fur ledit Ferrier, & les faits concernans fa famille, que Monfieur Gomé affaifonnoit à chaque fois de raillerie trés-picquante, & que cette conduite de Monfieur Gomé a certainement commencé A SON RETOUR DE LA PREMIERE ENQUESTE.

* L'Accufé en raportant cette dépofition page 76 de fon Factum en fuprime cette premiere partie: *Que dés le tems qu'il fut public à Colmar que M. Ferrier Fils avoit acheté l'Office de Confeiller, dés-lors Mr Gomé a tenu à la Depofante des difcours trés-injurieux aud. Ferrier:* Il tire enfuite avantage des termes fuivans: *Que foit alors foit depuis la Depofante ne pouvant s'en fouvenir precifément, Mr Gomé lui a dit étant à Colmar, &c.* Il conclut que cette dépofition eft inutile parce que la Dame de Ferrette ne fe fouvient pas du tems de ces difcours.

On voit au contraire que les premiers termes marquent le premier tems de l'acquifition faite par le Plaignant.

L'incertitude des autres époques ne tombe que fur les fuites de la premiere diffamation, encore la Dame de Ferrette en parlant de cette fuite & aprés avoir raporté les circonftances des derniers faits finit, en difant qu'ils ont *commencé certainement au retour de la premiere Enquête*, l'époque de ce retour eft du mois d'Octobre 1720. cinq mois avant la prife à Partie qui eft du 13. Mars 1721.

Le Sieur Jean-Baptiſte Chauffour Avocat au Conſeil ſeptante-quatriéme Témoin de la même Enquête, dépoſe; *Qu'étant un ſoir devant la porte du Sieur le Fevre Greffier en chef avec pluſieurs autres perſonnes, du nombre deſquelles étoit Mr Gomé, il fut dit que le Sr Ferrier venoit d'acquerir un Office de Conſeiller au Conſeil, & qu'il ſeroit bien-tôt reçû, Monſieur Gomé auquel on adreſſoit ce diſcours, répondit que ledit Ferrier ne ſeroit jamais reçû, & ſur ce qu'on lui en demanda la raiſon il ajoûta, comment on vouloit que le Conſeil reçût pour Conſeiller le Fils d'un homme qui avoit été Valet de Chambre, qui avoit verſé à boire au tiers & au quart, & dont la mere avoit été Charlatanne, que ce fait & ce diſcours ſe ſont paſſés avant la Requête que Monſieur de Reinach de Fouſſemagny préſenta en plainte au Conſeil contre ledit Ferrier, dont il prétendoit avoir été inſulté: qu'il a oüi dire à quelques Perſonnes dignes de foy, que Monſieur Gomé avoit fait voir & lû la dépoſition des Témoins oüis en l'Enquête du Sieur de Reinach en la Ville d'Huningue, lorſque Monſieur Gomé y étoit chés le Lieutenant du Roy, que ce dernier pria Monſieur Gomé de ceſſer la lecture, parce que cela ne lui faiſoit pas plaiſir.*

Demoiſelle Dorothée le Fevre deuxiéme Témoin de la même Enquête, dépoſe; *Que Monſieur Gomé étant un jour devant la porte de la maiſon du Pere de la Dépoſante, dit en préſence de pluſieurs Témoins que le Sr Ferrier ne ſeroit point reçû Conſeiller, attendu que ſa Mere avoit monté ſur le Theatre, qu'elle Dépoſante a oüi ce diſcours; mais qu'elle ne ſe ſouvient pas devant quelles Perſonnes il a été tenu, ni en quel tems.*

Le Sieur Henry Chauffour Receveur des Épices & Vacations, & Directeur des Poſtes, quatriéme Témoin de la même Enquête, dépoſe; *Qu'étant un jour aſſis ſur le Banc de pierre qui eſt dans la Ruë devant le Palais avec Mr Gomé, ce dernier lui aprit que le Sr Ferrier venoit de traiter d'un Office de Conſeiller, & ajoûta qu'il n'y ſeroit point reçû, attendu que ſa Mere avoit monté ſur le Théâtre, qu'il lui tint encore d'autres diſcours deſavantageux au Pere dudit Ferrier; mais que le Dépoſant n'y faiſant pas de grande attention ne ſe ſouvient pas du Particulier deſdits diſcours, mais ſeulement de celui qui concerne la Mere dudit Ferrier.*

L'Accuſé prétend que les Témoins n'ont pas aſſés exactement marqué le tems des premiers diſcours qu'il a tenu contre le Plaignant, il tente d'en faire deſcendre l'époque juſqu'à celle de la difficulté ſurvenuë trois mois aprés entre Monſieur de Reinach & le Plaignant.

Ces Témoins parlent du jour auquel on aprit à Colmar que le Plaignant venoit d'acquerir un Office de Conſeiller, ce jour étoit le premier du mois de mars 1720. c'eſt la date du Contrat qui en fut paſſé dans la Ville de Colmar, on a produit une expédition authentique de ce Contrat, & on y a joint l'original en forme puplique de la Procuration *ad reſignandum* qui en fut paſſée en faveur du Plaignant ledit jour premier Mars 1720. & ſur laquelle il a été pourvû. Il eſt ſi vrai que les dépoſitions de ces Témoins ſe raportent aux premiers inſtans de cette acquiſition, & réſignation, qu'il n'eſt pas poſſible d'en faire rétrograder l'époque de vingt-quatre heures; cette impoſſibilité eſt fondée ſur la foi de l'original d'un troiſiéme acte public auquel Monſieur Salomon a lui-même apoſé ſa ſignature, les mouvemens qu'il ſe donne pour l'Accuſé le mettront ſans doute à couvert de toute ſuſpicion, cet acte public eſt le certificat que le Plaignant demanda & obtint des Communautés des Avocats & Procureurs du Conſeil Souverain d'Alſace, & qui lui étoit néceſſaire pour la pourſuite de l'expédition de ſes Proviſions, on en raportera les termes pour en tirer les conſéquences qu'il préſente naturellement.

La Communauté des Avocats & Procureurs au Conſeil d'Alſace certifie à Monſeigneur le Garde des Sceaux, que depuis plus de ſix années que M. Jean-Pierre de Ferrier du Chatelet a été reçû Avocat aud. Conſeil, il a frequenté le Barreau avec aſſiduité & a donné des marques d'une grande capacité, tant dans les frequentes Plaidoiries qu'il a faites, Ecritures en Procés,

Factums que Consultations ce qui étant une justice, la Communauté n'a pû lui en refuser le présent Certificat pour lui servir & valoir ainsi que de raison. A Colmar ce DEUXIE'ME MARS MIL SEPT CENS VINGT. Dans la foule dés signatures des Officiers de la Communauté & de tout le Barreau se trouvent celles des Sieurs Rieden, Chauffour, Simmottel Témoins ci-devant râpellés, & notamment celle de Monsieur Salomon.

Cet acte de notoriété prouve que dés le 2. Mars les Témoins & tout le Barreau ont eu connoissance de l'acquisition faite par le Plaignant, & consequemment si comme le disent ces Témoins, ils ont reçû de la bouche de l'Accusé la premiere nouvelle de cette acquisition; ce n'est que parce qu'il la leur a communiquée avec passion & jalousie avant que le Plaignant eût demandé l'acte de notoriété du 2. Mars. 1720. c'est ce que démontrent les termes de leurs dépositions : *la conversation tomba sur le bruit qui couroit que ledit Ferrier venoit d'acquerir un Office de Conseiller;* ou ceux-ci : *Mr Gomé lui aprit que le Sieur Ferrier venoit de traiter d'un Office de Conseiller, & ajoûta &c.* Aussi-tôt que le Plaignant se fut présenté au Barreau pour donner suite à son Traité, l'acquisition qu'il avoit faite étoit devenuë publique; & depuis cette démarche du Plaignant, ce n'étoit plus de l'Accusé que ces Témoins pouvoient en avoir apris la nouvelle; enfin les autres Témoins qui ne sont pas du Barreau donnent aux premiers discours passionnés de l'Accusé; *le tems auquel il fut public que le Sieur Ferrier venoit d'acquerir un Office de Conseiller.* Ce tems encore une fois est trés-marqué & trés-rélatif aux dates des actes notoires dont on vient de parler.

L'Accusé page 82. de son Factum dit, *qu'il ne convient pas de ces discours, qui en tout cas auroient eû leur principe dans une Lettre anonyme écrite à Monsieur le premier Président de Corberon depuis que Ferrier Fils eût acheté une Charge de Conseiller.* Dans la page 3. de ce Factum il dit, *que feu Mr le premier Président de Corberon reçût une Lettre anonime remplie de faits injurieux aux Ferrier.*

C'est envain qu'on veut en imposer, on va démontrer que si d'un côté il est vrai qu'on ait écrit de Belfort la Lettre anonime dont l'Accusé parle, ce n'a été que trés-long-tems aprés ses premieres diffamations, on a même eu tout sujet de croire, que quoique la Lettre eût été timbrée au Bureau de la Poste à Belfort, néanmoins l'Accusé dans le défespoir du peu d'impression qu'avoit fait contre le Plaignant les efforts de sa langue décreditée dans Colmar a été lui-même l'auteur de la tardive Lettre anonime; il étoit capable de cette indigne supercherie, la deposition de Colin oüi à la Requête de Monsieur le Procureur General, & qui sera ci-aprés transcrite porte entr'autre, *que l'Accusé avoit voulu l'engager à écrire une pareille Lettre anonime à Mr le Duc de Mazarin pour faire perdre le credit qu'une certaine Personne avoit dans l'esprit de ce Seigneur.*

Il n'est pas possible que la Lettre anonime ait porté l'Accusé à s'élever en furieux contre le Plaignant, car s'il est vrai comme on l'a prouvé qu'à la premiere nouvelle de l'acquisition faite par le Plaignant dans la Ville même de Colmar, l'Accusé s'est emporté à ces discours passionnés, il s'ensuit qu'il les a tenu à Colmar avant qu'on ait pû avoir à Belfort la nouvelle de cette acquisition & avant que Monsieur le premier Président ait pû recevoir la Lettre anonime.

* Mais comment l'Accusé a t'il pû sçavoir le secret de la Lettre anonime adressée à feu Monsieur le premier Président avant même que ce Chef de la Compagnie eût aucune connoissance de cette Lettre; ce Magistrat l'a ignoré encore trés-long-tems aprés les premieres diffamations de l'Accusé, c'est ce qui paroît au Procés par l'original que le Plaignant y a produit d'une Lettre missive du 13. Mars 1720. écrite de la main de feu Monsieur de Corberon, en réponse d'une Lettre que le Pere du Plaignant lui avoit écrite sur le fait de la Charge; dans cette réponse, feu Monsieur le premier Président n'explique pas moins les sentimens favorables de la Compagnie

que

que les siens propres sur le compte du Plaignant, en voici les termes ; *A Colmar ce 13. Mars 1720. Monsieur, vous n'avez jamais mieux fait que d'acheter à Mr vôtre Fils une Charge de Conseiller, comme il a bien rempli les fonctions d'Avocat, nous sommes persuadez qu'il ne s'acquittera pas moins bien des fonctions de la Magistrature, & je serai ravi de le voir en place dans nôtre Compagnie, je puis vous assurer que je me ferai un plaisir de lui rendre service, & de vous faire connoître en toute occasion que je suis parfaitement, Monsieur, vôtre très-humble serviteur.* Signé de Corberon. ʰ Date remarquable.

L'Accusé pour faire retomber sur Monsieur de Reinach l'époque des premieres diffamations, tente de la faire remonter jusqu'à l'année 1718. voicy comme il arrange cette suposition page 2. de son Factum : *il y eut une Cause qui fût portée en 1718. devant le Juge du Comte de Reinach, il faut que Ferrier fils qui plaida la Cause pour son Pere eût lâché quelques paroles bien imprudentes, puisque le Comte de Reinach luy fit des reproches si vifs, que Ferrier les crut injurieux au poinct qu'il fit retenir sur le Régistre une réserve à fin de réparation ; cependant il n'a pas osé la demander.*

Pourquoy ne pas raporter la preuve de ce fait ? le Plaignant à produit une expédition autentique de la Sentence dont l'Accusé parle, qui contient la réserve en réparation, & qui est toute autre que l'Accusé ne l'a suposé. Il paroit par cette Sentence qu'il s'agissoit d'un droit de Glandée, pour raison duquel les Gens de Monsieur de Reinach avoient fait violence à un Fermier du pere du Plaignant, que l'on voulut prévenir en faisant assigner ce Fermier pardevant le Juge de Monsieur de Reinach qui ne devoit pas connoître des droits des Fiefs des Parties, le Plaignant n'a jamais plaidé devant ce Juge, il demanda seulement au nom de son pere le renvoy du Procés qui lui fut accordé ; & quant à la protestation en réparation, elle est retenuë en ces termes dans la Sentence : *Se réservant au surplus son action tant contre le Demandeur qu'autres gens par luy employés pour raison de l'insulte qu'il a reçuë sur son bien par cet injuste procedé :* la Cause portée au Conseil Souverain d'Alsace, Monsieur de Reinach y fut condamné de restituer & remettre les choses en leur premier état, le pere du plaignant fut content de cette réparation ; ce fait n'a aucune traite aux diffamations faites par l'Accusé.

Il est certain, & il est démontré au Procés que Monsieur de Reinach n'a répété les faits diffamans controuvés par l'Accusé qu'à l'occasion du Procés survenu entre lui & le Plaignant long-tems aprés les premieres diffamations de l'Accusé, cette circonstance de fait est trop importante pour n'être pas éclaircie.

On à déja observé que l'époque des premieres diffamations de l'Accusé est fixée au premier & au second jour du mois de Mars 1720. le different personnel d'entre Monsieur de Reinach & le Plaignant n'est survenu qu'au mois de May suivant, l'Accusé en convient, & cette époque est constatée par la plainte de Monsieur de Reinach, & par l'Information qui l'a suivie le 14. Juin 1720. Les Témoins de Monsieur de Reinach raportent tout ce qui s'est dit de plus vif sur les Griefs respectifs des Parties, aucun d'eux ne parle des faits qui furent dans la suite avancés par Monsieur de Reinach, mais il s'en agissoit si peu au mois de May & au mois de Juin 1720. & il est si peu vray que le Conseil d'Alsace, ou le Public ait été pour lors frapé de ces faits diffamans, comme le supose l'Accusé, qu'il est prouvé au contraire par l'Information même de Monsieur de Reinach, que cette Cour avoit conservé pour le Plaignant ses premiers sentimens favorables à sa Réception, on raportera ici une de ces Dépositions, qui est celle de Monsieur Hauss Evêque de Messala pour lors résident à Colmar en qualité de Vicaire General du Diocése de Basle oüi dans ladite Information à la Requête de Monsieur de Reinach.

Monsieur Jean-Baptiste Hauss Docteur en Théologie, Grand Vicaire & Official de l'Evêché de Basle &c. déposé sur les faits &c. *Qu'il n'a ja-*

*mais entendu de la perſonne du Sieur Ferrier qu'il ſe ſoit émancipé de dire
la moindre choſe déſagréable ou déſavantageuſe du Sieur Comte de Reinach
Fouſſemagny, qu'il eſt vrai que le Depoſant s'étant trouvé par hazard pour
d'autres affaires chez une perſonne de conſideration, là où l'on parla qu'il
s'étoit paſſé une petite ſcene entre ledit Sieur Comte & le Sieur Ferrier l'A-
vocat, duquel le premier ſe prétendoit inſulté, & offenſé, ladite perſonne
de conſideration auroit fait entendre au Sieur Depoſant, qu'il pourroit faire
une œuvre de charité en raprochant les deux Parties pour terminer cette affaire à l'amiable, puiſque le dernier étoit à la veille d'être reçû à l'Etat &
Office de Conſeiller, ayant eu l'agrément de tout le Corps, & qu'il ſeroit
facheux pour lui d'être arrêté par un pareil endroit dans ſa reception, que le
Sieur Depoſant s'eſt rendu & livré de bon cœur à ces prieres & s'étoit porté
ſur le champ pour aller trouver ledit Sr Comte de Fouſſemagny ſans que juſ-
ques-là M. Ferrier l'eut prié de ſe charger de pareille commiſſion; mais il
auroit été trouver ledit Sr Depoſant, & lui auroit dit; puiſque ladite perſonne de conſideration trouve bon que la choſe ſe faſſe ainſi, nonobſtant que
je n'aye pas injurié le Sr Comte de Fouſſemagny, dont je diſconvient abſo-
lument, ſi cependant ledit Sr Comte par vôtre moyen peut être diſpoſé à entrer en raiſon, je ne m'éloigneray pas de lui faire telle honnéteté qu'il pourra pretendre de moy, que le Depoſant ayant parlé audit Sr Comte, & aporté
tous ſes bons offices, même lui ayant fait la declaration de la part de M. Ferrier, & de la perſonne qui avoit invité ledit Sr Depoſant à cette démarche
il n'a pas voulu s'y rendre.*

Mr de Reinach pour preuve de l'inſulte à lui prétenduë faite a crû ſe
prévaloir des démarches de ce Prelat, & des offres du Plaignant, elles
prouvent au contraire ſa docilité, & quoique l'Accuſé ait trés-parfaitement
ſçû que Monſieur le Premier Préſident avoit chargé Monſieur Hauſ de
concilier les Parties en conſideration de ce que le Conſeil Souverain d'Alface agréoit le Plaignant, qui s'étoit rendu à tout ce que l'on vouloit,
néanmoins l'Accuſé contre cette connoiſſance impute au Plaignant un eſprit d'opiniatreté inflexible; voici comme il s'explique page 3. de ſon Factum: *Ferrier quoique mandé par Monſieur le Premier Préſident qui ſouhaitoit
d'aſſoupir l'affaire dans ſa naiſſance, refuſa de donner aucune ſatisfaction.*

Mr de Reinach étoit trés-diſpoſé à nuire au Plaignant; mais il héſita trés-
long-tems ſur les faits diffamans que l'Accuſé ne ceſſoit de lui ſuggerer;
il ne s'y détermina enfin que le jour même de la Plaidoirie ſur laquelle il
fut admis à en faire la preuve, l'Accuſé en eſt convenu; voici comme
aprés avoir donné aux défenſes du Plaignant une tournure burleſque & in-
jurieuſe, l'Accuſé s'explique à la fin de la troiſiéme page de ſon Factum;
*Ferrier ſe jetta dans de tels écarts, que le Comte de Reinach preſent à l'Au-
dience n'y pouvant plus tenir, fit poſer en fait par ſon Avocat que Ferrier
Pere avoit été Valet de Chambre,* &c.

S'il eſt donc vrai que Mr de Reinach ne ſe ſoit déterminé à poſer ces
faits qu'autant que l'Accuſé le ſupoſe y avoir été porté, à l'occaſion des
nouveaux écarts dans leſquels le Plaignant ſe jetta à l'Audience même,
où Mr de Reinach fut admis à les prouver; il s'enſuit qu'il ne s'eſt déterminé à cette diffamation que trés-long-tems aprés que l'Accuſé lui en avoit
frayé la voye.

Cet aveu de l'Accuſé n'eſt rien moins que gratuit, on verra ci-aprés que
Mr de Reinach conſterné de s'être livré aux avis de l'Accuſé, & déſeſpé-
rant de trouver des preuves avoüa: *Qu'il n'auroit pas entrepris de poſer
ces faits ſi le jour même de la Plaidoirie ſur laquelle eſt intervenu l'Arrêt
qui a interloqué les Parties, un Conſeiller du Conſeil ſans le nommer ne
l'avoit preſſé de poſer leſdits faits l'aſſûrant qu'il lui fourniroit des Témoins
pour les prouver.*

L'auteur d'un conſeil ſi affreux ſera bientôt connu, il n'y a qu'à ſuivre
les premieres démarches auſquelles l'Accuſé s'eſt livré auſſitôt qu'il fut
nommé Commiſſaire pour faire les Enquêtes, ſa conduite dans ſon voya-

ge de Colmar à Belfort où il devoit y procéder, celle qu'il a tenuë pendant son séjour en cette derniere Ville, & en s'en retournant à Colmar.

Loüis Colin Procureur, 27. Témoin de l'information du mois d'Août 1729. tirée du Factum de l'Accusé pages 124. & 125.

NB. Comme le Plaignant n'a jamais eû le secret de cette information il ne peut en raporter aucune déposition que sur la foy du Factum de l'Accusé, mais la façon dont il paroît qu'on a tronqué dans ce Factum les dépositions de Témoins oüis dans l'Enquête du mois d'Octobre 1723. il y a lieu de craindre qu'il n'ait poussé plus loin cette infidélité à l'égard des dépositions qu'il sçait être inconnuës au Plaignant.

Loüis Colin suivant ce Factum dépose : *Qu'il ne sçait autre chose, sinon qu'il a toûjours remarqué beaucoup d'indiscretion dans la conduite de Mr Gomé, & notamment dans l'affaire du Sr de Foussemagny & Ferrier de laquelle il a été Commissaire, qu'immediatement aprés l'Arrêt rendu Mr Gomé est venu chés le Sr Joner Stettmeister où le Deposant s'est egalement trouvé; Mr Gomé a fait* TROPHE'E *de ce qu'on l'avoit nommé Commissaire en la presence du Deposant & du Sr Joner en leur disant* QUE L'ON TROUVEROIT PLUS DE TEMOINS QU'IL N'EN FAUDROIT, *attendu que les faits sur lesquels on avoit interloqué les Parties* ETOIENT NOTOIRES *en Haute Alsace,* &c. le surplus de la déposition de ce Témoin sera ci-aprés raporté dans l'ordre des faits dont il continuë de parler.

Jean-Jacques Jantet Maître de Poste à la Chapelle à trois lieuës de Belfort 10. Témoin de l'information du mois d'Août 1729.

* Cette déposition est encore extraite du Factum de l'Accusé page 120. dépose : *que lorsque Mr Gomé vint à Belfort pour proceder à l'Enquête du Sr de Reinach & changeant de Chevaux chez le Deposant, il sauta de sa Chaise, & s'adressant à ceux qui étoient presens, il leur demanda,* N'Y A-T'IL PERSONNE ICI QUI AIT VU DANSER LA DAME FERRIER SUR LE THEA-TRE, *que la Mere du Deposant lui ayant repliqué comme étant native de Bavilliers* (Domicile de la Famille du Plaignant) *qu'elle s'étonnoit d'un tel discours n'ayant jamais oüi dire que du bien de la Famille des Ferrier, & lui répondit qu'aparemment il vouloit le prouver; sur ce Mr Gomé lui dit qu'elle ne s'en souvenoit plus, & qu'elle étoit* UNE BESTE *en lui tournant le dos* * *& remonta dans sa Chaise paroissant être fâché de ce qu'on ne vouloit pas dire ce qu'il exigeoit; le Deposant étant present à tous ces discours, & qu'il a oüi dire à bien des gens aprés les Enquêtes faites que Mr Gomé ne valoit pas grand argent; mais que le Deposant ne se souvient point du nom des personnes qui le lui ont dit.*

L'Accusé se contente de dire que c'est une chose risible de produire un Témoin pour déposer que lui Accusé a sauté de sa Chaise, & a dit à une vieille Femme qu'elle étoit une bête, il ne se justifie pas sur la recherche par lui faite des gens qui pourroient déposer avoir vû la Mere du Plaignant danser sur le Théatre, c'est son ardeur dans cette recherche qui le portoit aux circonstances exterieures de vivacité dont il est parlé, & son emportement étoit un effet de son dépit.

Le Sieur François Boug, Docteur en Théologie, Chanoine de Belfort 65. Témoin de l'Enquête du mois d'Octobre 1723. dépose : *que le jour que Mr Gomé arriva en cette Ville au mois d'Octobre 1720. pour proceder à la premiere Enquête, le Deposant fut sur les dix heures du matin se promener avec lui dans le jardin de M. Noblat, auquel lieu Mr de Reinach les joignit, & peu aprés ledit Sieur de Reinach & Mr Gomé commencerent à parler de ladite Enquête, & des faits sur lesquels elle devoit être faite, le Deposant dit (aprés s'être voulu retirer & que Mr Gomé l'eût fait rester) qu'il ne prouveroit jamais que la Dame Ferrier eût monté sur le Theatre, à quoi Mr Gomé repondit,* QUE SI QUE L'ON PROUVEROIT BIEN LESDITS FAITS, *& s'adressant au Sr de Reinach il ajoûta qu'il falloit envoyer* A MONTBELIARD, FAUCOGNIER, ET POURRENTRUY AUSQUELS LIEUX ON TROUVEROIT SUFFISAMMENT DE TE'MOINS, *le Deposant s'aperçût que le*

* Texte de quelques depositions sur faits relatifs à ceux dont il est parlé dans les sept depositions ci-devant raportées.

* L'Accusé oublie sa dignité, & devientcourtier de Témoins.

* Dépit remarquable de l'Accusé.

Sr de Reinach étoit embarrassé & inquiet de l'évenement. Le surplus de la déposition de ce Témoin fera ci-après raporté dans l'ordre des autres faits dont il parle.

Le Sieur François Noblat Prevôt de la Ville & Bailly du Comté de Belfort 61. Témoin de l'Enquête du mois d'Octobre 1723. dépose : *que Mr Gomé étant logé chez le Depofant dans le tems qu'il étoit en cette Ville & qu'il procedoit à l'Enquête à la Requête du Sr de Reinach, ledit Sr de Reinach vint chez le Depofant pour le voir, & ne voulut point entrer dans la Chambre où étoit Mr Gomé crainte (dit-il) de fufpicion , le Depofant ayant reçû fa vifite dans une Chambre à part, & feul avec lui, lui deman- da comment alloient fes affaires, à quoi le Sr de Reinach répondit qu'elle n'alloient pas bien, qu'il avoit cru en venant en cette Ville trouver des Té- moins pour la preuve des faits dont étoit queftion, & qu'il n'en trouvoit point, que Mr Gomé en avoit déja entendu plusieurs, et qu'ils ne disoient rien, ce qui l'inquietoit qu'il n'auroit point entrepris* à ce qu'il dit au Depofant *de poser les faits en question contre le Sr & la Dame Ferrier si le jour mesme de la plaidoirie fur laquelle eft intervenu l'Arrêt qui a interloqué les Parties un Conseiller du Confeil fans le nommer ne l'avoit pressé de pofer lefdits faits l'assurant qu'il luy fourniroit des Témoins pour les prouver:* le surplus de la déposition de ce Témoin fur les autres faits fera ci-après raporté dans l'ordre des preu- ves de ces autres faits.

Toute cette dépofition doit être fauffe au fentiment de l'Accufé page 75. de fon Factum. J'étois logé au mois d'Octobre chés le Sieur Noblat Prevôt du Chapitre de Belfort, & ce n'eft qu'au tems de l'Enquête du mois de Février 1721. que j'ai logé chés le Sieur Noblat Prevôt & Bailly du Comté de Belfort, qui eft le Depofant, ce Témoin continuë l'Accufé eft un fauffaire en ce qu'il fupofe contre fa propre connoiffance, que j'étois logé chés lui dans le tems de la premiere Enquête, cette fauffeté influe fur toute fa dépofition.

Le Témoin n'a pû avoir aucun intérêt, ni mauvais deffein en confon- dant au bout trois ans le tems auquel l'Accufé a logé chés lui, il fuffit qu'il y ait logé dans le tems de l'une des deux Enquêtes pour lever toute fuf- picion.

Mais dit l'Accufé il eft fupofé par le Témoin que le Comte de Reinach alla chés lui pour m'y voir, & cela n'eft pas vrai puifque je n'y logeois pas.

Il eft faux que le Témoin ait dit que Mr de Reinach alla chés lui pour y voir l'Accufé, il fait au contraire connoître qu'il y alla pour y voir lui Dé- pofant, & que c'étoit fi peu pour y voir l'Accufé, qu'il dit que Mr de Reinach *n'ayant point voulu entrer dans la chambre où étoit Mr Gomé, crainte dit-il de fufpicion, le Depofant ayant reçû fa vifite dans une cham- bre à part & feul avec lui &c.* L'Accufé en raportant fauffement le texte de cette Depofition & pour faire entendre que le Témoin a fauffement fu- pofé que Mr de Reinach étoit allé chés lui pour y voir l'Accufé, & que ce n'eft qu'à l'occafion de cette vifite fupofée que le Témoin a lié con- verfation avec Mr de Reinach , ofe fuprimer ces termes importans, de la dépofition : *Le Depofant ayant reçû fa vifite dans une chambre à part, & feul avec lui, &c.* & l'Accufé y fubftituë ceux-ci : *il lia converfation avec lui :* termes qui ne fe trouvent pas dans cette dépofition. Eft-ce en commettant des fauffetés qu'on efpére en faire apercevoir dans le fait des autres ?

Quoiqu'au mois d'Octobre 1720. l'Accufé fut logé chés le Sieur Noblat Prevôt du Chapitre & coufin germain du Témoin , il n'eft pas douteux qu'il n'ait été frequemment dans l'une & l'autre maifon de ces deux pro- ches Parens, ni extraordinaire que lorfque Mr de Reinach alla voir le Té- moin, l'Accufé fe foit trouvé dans un arpartement féparé de la même mai- fon, plufieurs autres Témoins parlent des difcours tenus par l'Accufé chés

ce

ce Témoin, le Procés verbal même de l'Enquête du mois d'Octobre 1720. porte qu'une partie de cette Enquête a été faite dans le jardin du Témoin, & il confte en outre qu'après la confection de cette premiere Enquête, ce même Témoin avec fa famille accompagna l'Accufé jufqu'à Roppe chés le Seigneur du Lieu (qui a auffi été oüi) & qu'ils y dinerent. L'Accufé avoit donc fréquemment vû ce Témoin au mois d'Octobre 1720. & ayant logé chés lui au mois de Février 1721. tems de la feconde Enquête, le Témoin merite t'il d'être traité de fauffaire & de Témoin fuborné pour avoir trois ans aprés confondu le tems auquel l'Accufé logeoit chés lui.

Le Sieur Alexandre Cannac Receveur des Domaines à Colmar fixiéme Témoin tranfcrit de la page 71. du Factum de l'Accufé, dépofe : *Qu'il y a trois ans que Ferrier Fils le pria de parler au Sieur de Landenberg, pour qu'il engageât le Comte de Reinach fon oncle à fe prêter à un accommodement, qu'ayant eû en rencontre le Comte de Reinach, il lui demanda fi le Sieur de Landenberg lui avoit parlé, que le Sieur Reinach lui répondit qu'il falloit voir de quelle maniere Ferrier prétendoit faire la fatisfaction qu'il offroit, que dans ce moment Monfieur Gomé furvint, que leur ayant demandé s'ils parloient de la* Foussemagnade, *ils avoient repondu qu'oüi, que lui qui dépofe avoit laiffé Monfieur Gomé avec le Comte de Reinach & que dés-lors on ne lui avoit plus parlé.*

Jacques-Philipe la Rhotiere Maître Perruquier vingt-uniéme Témoin de l'information du mois d'Août 1729. tirée de la page 123. du Factum de l'Accufé, dépofe : *Qu'au commencement de la conteftation muë entre Monfieur Gomé & Ferrier, Monfieur Gomé paffant devant chés le Dépofant, il le fit fortir de fa boutique & lui demanda à l'écart* s'il ne sçavoit rien de la famille de Ferrier; *& fi Lafnier ou Simmottel ne lui en avoient rien dit, que le Dépofant ayant répondu que non, Mr Gomé fe retira.*

Cette dépofition eft relative à celle de Jacques Jantet ci-devant raportée touchant la recherche faite par l'Accufé des faits qui pourroient être contre la Famille du Plaignant; cette dépofition differe de celle de Jacques Jantet, en ce que celui-ci dit que l'Accufé faifoit cette recherche dans le tems même qu'il alloit à Belfort pour y faire l'Enquête contre le Plaignant, au lieu qu'en ce qui touche la Rothiére on fait paroître que l'Accufé ne lui a parlé qu'au commencement de la conteftation muë entre l'Accufé & le Plaignant.

Mais il faut ou que les premiers termes de cette dépofition foient de même que plufieurs autres alterés dans le Factum de l'Accufé, ou qu'il y ait de la part du Témoin une erreur de date affés facile à commettre fur un fait qui s'eft paffé dix ans avant la dépofition, cette erreur ne peut atténuer les confequences de la recherche faite par l'Accufé contre la Famille du Plaignant. Cette recherche ne peut pas s'apliquer à un tems pofterieur à la prife à Partie, mais au tems où il s'agiffoit de prouver les faits diffamans avancés par Mr de Reinach, la conteftation d'entre ce Gentilhomme & le Plaignant & celle de celui-ci avec l'Accufé, ont toûjours été regardées comme dépendantes l'une de l'autre; le Public les a toûjours confondu, le commencement de l'une a paffé dans l'efprit du Témoin pour le commencement de l'autre, cela eft d'autant moins douteux, que comme il eft prouvé que long-tems avant la prife à Partie, l'Accufé parloit du Plaignant avec paffion & emportement, l'impreffion de ces difcours emportés peut avoir fait croire que l'Accufé étoit déja impliqué dans l'affaire lorfqu'il a tenu ces difcours.

** Quoiqu'il en foit, on a vû jufqu'ici les premiers témoignages de la Jaloufie, de la paffion, & des emportemens de l'Accufé contre le Plaignant, les preuves de la diffamation dont il a été originairement l'auteur; on a vû qu'étant nommé Commiffaire il a fait* trophée *de cette commiffion, & a dit que l'on trouveroit des Témoins plus qu'il n'en faudroit pour prouver les faits avancés par Mr de Reinach, qu'il a affecté fur l'événement de cette preuve beaucoup plus de confiance que Monfieur Reinach même qui en*

étoit inquiet & qui fe repentoit d'avoir avancé ces faits. Que l'Accufé a tâché de le relever de fon abbattement, qu'il lui a indiqué les Lieux *où*
l'on trouveroit des Témoins, que fur fa route de Colmar à Belfort l'Accufé
a fait la recherche des Témoins qui devoient *avoir vû la Mere du Plai-*
gnant fur le Theatre, qu'il s'eft emporté contre ceux qui lui répondoient:
n'avoir jamais oüi parler qu'en bien de la Famille du Plaignant, on a vû
qu'avant la Plaidoirie de la Caufe d'entre Mr de Reinach & le Plaignant,
l'Accufé aborde ce Gentilhomme & le Sieur Cannac, & leur parle de la
Fouffemagnade pour aiguillonner Mr de Reinach, & interrompre une converfation dans laquelle Mr de Reinach s'étoit déja porté à demander le
préliminaire des conditions de l'accommodement qui lui étoit propofé, on
a vû que de l'aveu de l'Accufé ce ne fut que le jour de l'Audience de
la Caufe d'entre les Parties que Mr de Reinach fe détermina à faire pofer
par fon Avocat les faits diffamans, on a encore vû que Mr de Reinach dit
qu'il n'auroit pas entrepris de pofer ces faits; fi le jour de cette Plaidoirie un
Confeiller du Confeil fans le nommer ne l'avoit preffé de les pofer, l'affu-
rant qu'il lui fourniroit des Témoins pour les prouver. Si on fe rapelle enfin les difpofitions dans lefquelles le Confeil Souverain d'Alface étoit en faveur du Plaignant avant que Mr de Reinach eût hautement avancé les faits,
& que jufqu'alors le Plaignant n'avoit eû le malheur de déplaire qu'à l'Accufé feul, fi on raffemble toutes ces circonftances peut-on à tous les traits
qui y font marqués méconnoître dans la perfonne de l'Accufé l'auteur de
la diffamation & du Confeil affreux que Mr de Reinach fe repentoit d'avoir
fuivi?

Preuves du fcandale que l'Accufé a caufé dans la Province d'Al-
face en continuant de donner des marques de fa paffion outrée,
que la conduite qu'il a tenuë dans le tems de fa commiffion a
porté les Témoins même produits par Mr de Reinach à fe ré-
crier fi hautement contre fes excés, que l'Accufé a été deshonoré
dans le Public long-tems avant que le Plaignant fe fût déter-
miné à le prendre à Partie.

* Liaifon
de ces preu-
ves avec les
précedentes.
  * **I**L femble qu'aprés avoir raporté les premieres preuves dont on on vient
d'expofer les textes, le Plaignant pourroit fe difpenfer de rendre
compte des preuves qui manifeftent plus amplement la fuite des circonftances extérieures de la paffion aveugle de l'Accufé, le Plaignant croit cependant qu'il eft important de les rapeller.

  1°: Parce que les preuves de la jaloufie & de la paffion que l'Accufé a
continué de témoigner contre le Plaignant dans le tems qu'il procedoit à
l'Enquête de Mr de Reinach, le fcandale qu'il a caufé à l'occafion de fes
fonctions font des circonftances qui cumulativement influent fur les mal-
heureufes difpofitions dans lefquelles il a vacqué à la confection des Enquêtes.

  2°. Parce que s'il eft vrai comme l'auteur du Factum de l'Accufé ne peut
en difconvenir, que les motifs de la fûreté publique n'ont rendu néceffaire
l'autorité d'un Commiffaire pour la validité d'une Enquête, que dans
la vûë d'affûrer aux Témoins une pleine liberté de dire tout ce qui eft de
leur connoiffance fans aucune contrainte ni fuggeftion, il s'enfuit qu'un
Commiffaire qui ne viole pas les premiers principes de cette inftitution ne
fournit jamais aux Témoins d'occafion de plainte, & conféquemment les
preuves des fréquentes altercations qui fe font élevées entre l'Accufé & les
Témoins qu'il entendoit, deviennent les preuves de l'atteinte qu'il a voulu
donner à leur liberté.

  3°. Parce que les plaintes faites par ces Témoins dans l'inftant même
qu'ils venoient d'être oüis par l'Accufé font conftatées par un trés-grand

nombre d'autres Témoins, & c'est ce qui confirme tout ce que les Témoins oüis par l'Accusé disent sur les faits honteux des difficultés qu'il leur a faites.

*Le Sieur Jean-Claude Chapuis Avocat en Parlement septiéme Témoin de l'Information du mois d'Août 1729. transcrit du Factum de l'Accusé pages 115. & 116. dépose : *Que lorsque Mr Gomé procédoit à l'Enquéte du mois d'Octobre 1720. ou Février 1721. le Déposant s'est promené differentes fois avec lui qu'il s'est même trouvé quelques fois dans sa compagnie où il a remarqué dans les discours de Mr Gomé qu'il étoit* PASSIONNE' CONTRE LES FER-RIER, *qu'il lui dit un jour & à d'autres Personnes qui étoient presentes, que s'il avoit été à la place de Ferrier Pere, au lieu de soûtenir son Fils il lui auroit donné vingt coups de bâton, que le Déposant parlant un jour de cette affaire au Sieur Noblat l'aîné, il lui dit qu'il étoit étonné que Monsieur Gomé témoignoit tant de passion dans cette affaire, qu'un Juge de Cour Souveraine devoit être plus discret,* ET QU'IL SEMBLOIT AU DEPOSANT QUE M. GOME' INCLINOIT A LA PRE'VARICATION : *que le Déposant étant un jour à Denney il fit rencontre d'un nommé François Bussiere &c.* on raportera ci-aprés le surplus de cette déposition dans l'ordre des faits.

Le Sieur François Boug Docteur en Théologie Chanoine de Belfort 65. Témoin de l'Enquête du mois d'Octobre 1723. on a déja raporté la premiere partie de sa déposition page 15. il continuë en ces termes : *Le Deposant s'aperçût que le Sr de Reinach étoit embarrassé & inquiet de l'évenement, que pendant le cours de cette Enquéte Mr Gomé dit plusieurs fois au Deposant, non seulement en particulier mais même en Compagnie : Voilà qui va bien la preuve des faits s'avance, nous avons encore de bons Temoins qui viendront, qu'il ne tint ce discours au Deposant que quelques jours aprés que l'Enquéte fut commencée, & alors on remarquoit qu'il avoit du contentement par la gayeté qu'il témoignoit, au lieu que les premiers jours de l'Enquéte il étoit triste, réveur, & disoit quelquefois :* ON NE VEUT POINT PARLER, MAIS NOUS TROUVERONS DES TE'MOINS QUI PARLERONT ; *Que le Deposant a été Temoin que plusieurs fois Mr Gomé recitoit de memoire ce que les Temoins oüis en ladite premiere Enquéte avoient deposé sans cependant qu'il fit voir la minute de ladite Enquéte, que dans tout le cours de cette Enquéte Mr Gomé temoignoit* BEAUCOUP DE CHALEUR *pour les interéts du Sr de Reinach &* DE PASSION CONTRE FERRIER FILS *par les discours qu'il tenoit de ce dernier, qu'il a continué à en tenir de plus desavantageux encore lors de la seconde Enquéte : Que quant au fait qui concerne les depositions des Temoins & la maniere dont elles ont été redigées par écrit, le Deposant n'en sçait rien par lui-même n'ayant point été oüi esdites Enquétes ; mais qu'il a entendu plusieurs Temoins se plaindre disant* QUE MR GOME' N'ESTOIT PAS DROIT, *c'étoient les termes dont ils se servoient.*

Le Sieur François Noblat Prevôt de la Ville & Bailly du Comté de Belfort 61. Témoin de l'Enquête du mois d'Octobre 1723. la premiere partie de la déposition de ce Témoin est raportée ci-dessus page 16. il l'a continuë ainsi : *que quelques jours aprés pendant le cours encore de ladite Enquéte le Deposant étant dans son jardin avec d'autres personnes Mr Gomé y vint & aprés avoir joint la Compagnie il commença d'un ton* DE DECLA-MATEUR *à dire tout haut ces paroles : un certain Quidam âgé de soixante & tant d'années depose avoir vû le Sr Ferrier Pere Valet de Chambre chés le Sr de St Just, & avoir vû la Dame Ferrier sur le Theatre joüant sous le nom de Colombine, & comme il vit que la Compagnie ne prenoit pas tout ce discours dans le sens qu'il le faisoit,* *il le tourna ensuite comme si ce n'étoit qu'une fiction, & qu'il eût voulu plaisanter : que l'Enquéte étant parachevée Mr Gomé partant de cette Ville fut coucher le même jour à Roppe chés le Sr de Roppe, dit le Deposant qu'il ne se souvient pas certainement si Mr Gomé y coucha, mais bien qu'il y alla sortant de cette Ville, & que le Deposant avec une partie de sa Famille & d'autres personnes furent audit Roppe en même tems,* **qu'y étant & se promenant dans le jardin avec Mr*

* Texte des depositions.

* Si comme le supose l'Accusé les faits avoient été notoires à Be'fort, pourquoi y auroit-on douté de la preuve.

** L'Accusé

page 76. de
fon Factum
a tronqué
toutes les cir-
conftances
caractérifti-
que de fa
paffion quoy-
qu'en carac-
téreItalique,
il fupofe re-
prefenter le
texte de la
dépofition.

Gomé, ce dernier le preffa D'ENTENDRE LA LECTURE, *qu'il vouloit lui faire de la depofition de quelques Temoins qu'il avoit oüis, tirant en même tems de fa poche* LA MINUTTE *de ladite Enquête, le Depofant s'en excufa, le priant de l'en difpenfer, & perfifta à le refufer, quoique Mr Gomé l'en eût preffé affés inftamment & rejoignit même le refte de la Compagnie dont ils étoient feparé dans le Jardin, mais peu de tems aprés toute la Compagnie étant rentrée dans la Maifon, & le Depofant étant feul à une fenêtre Mr Gomé vint l'y joindre & le preffa de nouveau d'entendre la lecture de lad. Enquête, & enfin fe retrancha à lui demander qu'il entendit la lecture de la depofition d'un feul Temoin, à quoi le Depofant confentit finalement, & Mr Gomé qui tenoit la minute de l'Enquête à la main lui lût la depofition d'un Temoin de Pourrentruy, qui difoit avoir vû joüer les Dubillaud à Pourrentruy, & que fur le Theatre il y avoit une grande femme qui étoit affife proche d'un coffre dans lequel étoient les drogues dudit Operateur, qu'il ne fçavoit fi ladite Femme étoit celle d'un des Dubillaud, mais qu'on le difoit ainfi, fur quoi le Depofant dit à Mr Gomé, qui temoignoit faire grand fond fur cette depofition, que pour lui il ne la trouvoit pas fi forte, puifque le Temoin ne difoit pas que la Femme dont il entendoit parler fût celle d'aujourd'hui du Sr Ferrier, à quoi Mr Gomé repliqua que rien n'étoit fi clair & fi pofitif que cette depofition, & aprés quelques momens de converfation fur le même fujet ils fe feparerent. Que le Depofant a remarqué en differentes occafions pendant la confection des deux Enquêtes & dans l'intervale immediatement aprés la premiere que Mr Gomé temoignoit* DE LA PASSION CONTRE FERRIER FILS *par fes difcours, mais qu'en même tems qu'il parloit mal du Fils il plaignoit beaucoup le Pere de fe trouver engagé par le fait dudit Fils dans cette affaire; que le Depofant a oüi plufieurs Temoins des deux Enquêtes fe plaindre même publiquement de la conduite de Mr Gomé de ce qu'il ne vouloit pas rediger leurs depofitions en entier, & que ces plaintes trop publiques ont accufé* SCANDALE EN CETTE VILLE; *que le Depofant a même averti Mr Gomé pendant qu'il travailloit aufdites Enquêtes des difcours publics, à quoi Mr Gomé repondit que c'etoit de la canaille, & qu'on le connoiffoit pour honnête homme.*

Le Sieur Jean-Pierre Noblat Bailly de Moiffevaux 5. Témoin de l'information du mois d'Août 1729. ce texte eft tranfcrit de la page 115. du Factum de l'Accufé dépofe : *Qu'étant par deux differentes fois dans fon jardin hors de Belfort Mr Gomé y vint toutes les deux fois & ce pendant qu'il procedoit à l'Enquête du mois d'Octobre 1720. là en y entrant commença d'un ton de* DECLAMATEUR *à dire ces mots; un tel fans le nommer d'un âge refpectable de foixante & dix ou foixante & douze ans* DEPOSE, *avoir vû ladite Dame Colombine fur le Theatre, vendant & debitant fes drogues & pacquets, fans dire le nom de la Dame, qu'il a oüi dire à la Gobert laquelle a été entenduë foit à la Requête du Sr de Fouffemagny, foit à la Requête de Ferrier que Mr Gomé n'avoit point redigé par écrit toutes les circonftances de fa depofition, contre laquelle elle s'étoit fortement recrié.*

Le Sieur François Leopold de Roppe 9. Témoin de l'information du mois d'Août 1729. cette dépofition eft encore tranfcrite de la page 119. du Factum de l'Accufé, & la premiere partie concerne les faits dont il a été informé à la Requête de Monfieur le Procureur General, la feconde partie eft raportée en ces termes: *Que Mr Gomé aprés avoir procedé à l'Enquête du mois d'Octobre 1720. il revint au fortir de Belfort dîner chés le Depofant, où il tint avec d'autres perfonnes des difcours qui en partie roulloient fur la conteftation agitée pour lors entre le Sr Comte de Reinach & Ferrier, qu'il ne fe reffouvient plus defdits difcours; mais que le Sr Noblat Prevôt de Belfort qui étoit prefent dit au Depofant que Mr Gomé s'expliquoit trop clairement pour un Commiffaire, qu'il a oüi dire à plufieurs perfonnes aprés que l'Enquête du mois de Fevrier 1721. fût achevée, que Mr Gomé n'avoit point voulu faire rediger par écrit toutes les circonftances des depofitions des Temoins.*

Le Sieur Nicolas Huguet Inſpecteur de Chemins en Alſace 6. Témoin
de l'information du mois d'Août 1729. cette dépoſition eſt tranſcrite de
la page 115. du Factum de l'Accuſé. Dépoſe : *Que feu Laſnier Commis Greffier
pour lors lui dit qu'il faiſoit en cette Ville de Belfort un métier qui ne lui plaiſoit
point & ſur ce que le Depoſant lui demanda pourquoi ? il lui repliqua qu'on
le faiſoit* ECRIRE TOUT AUTREMENT QUE LES TEMOINS NE DEPOSOIENT
*& ſur ce que le Depoſant lui dit pourquoi il le faiſoit ? il lui fit reponſe
qu'il ne pouvoit faire autrement que de travailler ſous la diction de celui
qui lui dictoit.*

Benoît Laſnier Recteur d'Ecoles à Belfort 4. Témoin de la même information, cette dépoſition eſt tranſcrite de la page 114. du Factum de
l'Accuſé. Dépoſe : *Que feu ſon Frere ci-devant Commis Greffier lui dit qu'il
auroit voulu n'avoir point travaillé dans les deux Enquétes ſous Mr Gomé,
que feu ſon Frere lui dit de plus que s'il avoit été à la place du Procureur
de Ferrier il auroit porté ſes plaintes plûtôt à Mr Gomé ſur ce que les Temoins lui diſoient, que même après la rentrée des Temoins dont Queſſemme
s'étoit plaint, Mr Gomé diſoit à ſon Frere d'écrire ce que les Temoins lui diſoient, que ſon Frere lui a repondu qu'il devoit lui dicter étant ſous ſa
diction.*

David Jardot Marchand de Belfort 32. Témoin de l'Enquête du mois
d'Octobre 1723. dépoſe : *Que ſa Femme s'eſt plainte à lui Depoſant, qu'ayant
depoſé en l'Enquéte pardevant Mr Gomé* ON AVOIT INSERE' COMME POUR LA
SURPRENDRE *dans ſa depoſition qu'elle avoit vû la Dame Ferrier ſur le Theatre, quoyqu'elle* N'EUT POINT DIT CE FAIT, *& qu'en effet il ne ſoit pas
veritable, & qu'elle n'avoit pas voulu ſigner que Mr le Commiſſaire* N'EUT
CHANGE' LEDIT ARTICLE *de ſa depoſition.*

* Le Sieur François Thomas ancien Maître Bourgeois de Belfort 47. Témoin de l'Enquête du mois d'Octobre 1723. dépoſe : *Qu'il a oüi dire à
pluſieurs perſonnes qui ont été Temoins ès Enquêtes faites par Mr Gomé, qu'il
n'avoit pas voulu faire rediger par écrit toutes les circonſtances de leurs depoſitions, & qu'il ſembloit qu'il cherchoit à leur faire dire ce qu'ils ne
ſçavoient point, de quoi leſdits Temoins ſe ſont* PLAINT PUBLIQUEMENT
EN CETTE VILLE, *diſant que Mr Gomé temoignoit de la partialité contre le
Sr Ferrier Pere, Que le Depoſant étant un jour dans la ruë avec d'autres
perſonnes, lequel jour étoit le lendemain que l'Enquéte du mois de Fevrier
1721. fut diſcontinuée, Mr Gomé étant venu joindre la Compagnie dit que
M. Ferrier l'avoit troublé dans ſes fonctions, qu'il en dreſſeroit ſon Procés
verbal, ſur quoy l'un de ladite Compagnie repondit que s'il étoit vrai ce que
pluſieurs Temoins qui avoient été entendus diſoient ; ſçavoir qu'il n'eût pas
voulu rediger leur depoſition en entier, qu'il ne trouvoit pas extraordinaire
que M. Ferrier eût ceſſé d'en produire, à quoi Mr Gomé repliqua que les
Temoins ne devoient pas être crû puiſqu'il les avoit entendu, & qu'ils avoient
ſigné leurs depoſitions ſur quoi ſe termina la converſation.* QUE DU NOMBRE
DES TEMOINS *qui ſe ſont plaint de la connoiſſance du Depoſant eſt la Femme de David Jardot Bourgeois de cette Ville laquelle dit au Depoſant* LE
JOUR MESME QU'ELLE AVOIT DEPOSE' *pardevant Mr Gomé ; qu'ayant été
oüie ledit jour, elle avoit trouvé fort étrange, qu'ayant repondu ſur les faits
dont étoit queſtion, qu'elle n'avoit vû le Sr Ferrier Pere qu'en qualité de
M. d'Hôtel de Mr de St Juſt, & qu'elle n'avoit jamais vû la Dame Ferrier
ſur le Theatre du nommé Dubillaud, cependant Mr Gomé l'avoit interpellé
lui diſant ſi elle n'avoit pas vû ledit Ferrier Pere avec des aiguillettes ſur
l'epaule, & la Dame qui a été depuis ſa Femme être ſur le Theatre, puiſque d'autres Temoins diſoient avoir vû l'un & l'autre, &* QU'ELLE DE-
VOIT L'AVOIR VU AUTANT QUE CES TEMOINS QUI ETOIENT PLUS JEUNES
QU'ELLE, *à quoi elle répondit perſiſtant qu'elle ne l'avoit point vû, lequel
recit elle fit au Depoſant ajoûtant* QUE LORSQUE LECTURE LUI FUT FAITE
DE SA DEPOSITION ELLE S'APERÇUT QUE L'ON Y AVOIT INSERE' QU'ELLE
AVOIT VU LA DAME DUBILLAUD SUR LE THE'ATRE, CE QU'ELLE

* L'Accuſé
a omis cette
depoſition en
entier.

NIA AVOIR DIT, *& pria Mr le Commiſſaire de faire reformer cet endroit*, A QUOY IL DEFERA NON SANS PEINE, *& fit ajoûter quelque choſe au bas de ladite depoſition pour reformer cet endroit, que c'eſt ainſi que ladite Jardot en a fait recit au Depoſant le jour même de ſa depoſition.*

Jean-Claude Sarrazin Bourgeois de Belfort 11. Témoin de l'Enquête du mois d'Octobre 1723. dépoſe : *Qu'étant un jour dans la ruë prés la maiſon dans laquelle il demeuroit pour lors en cette Ville il entendit feu Marie Barbe Gerard Veuve du nommé Lambert, qui diſoit à d'autres perſonnes dans ladite ruë, qu'elle avoit depoſé devant Mr Gomé, lequel n'avoit point voulu l'écoûter & que lorſqu'elle avoit voulu dire ce qu'elle ſçavoit de la Famille du Sr Ferrier Mr Gomé lui avoit dit* QU'ELLE ESTOIT UNE VIEILLE FOLLE *& qu'elle ne ſçavoit ce qu'elle diſoit, & l'avoit renvoyée ſans vouloir l'entendre entierement à cauſe* QU'ELLE NE VOULOIT PAS DIRE CE QUE Mr LE COMMISSAIRE DESIROIT QU'ELLE DIT; *qu'elle a tenu ce diſcours le jour même ou le lendemain de ſa depoſition, & qu'elle eſt morte il y a environ un an & demi.*

Le Sr Jean Pierre Chardoüillet Chapelain pour lors à Eſſerts, & preſentement Curé du même lieu 20. Témoin de l'Enquête du mois d'Octobre 1723. dépoſe : *Que Pierre Chardoüillet defunt qui étoit Pere du Depoſant & qui eſt mort il y a environ dix-huit mois ayant comparu en cette Ville pardevant Mr Gomé au mois de Fevrier 1721. pour depoſer en l'Enquête que Mr Gomé faiſoit, étant de rétour à Eſſerts où il demeuroit chés ſon Fils qui eſt le Depoſant, il lui dit* QUE Mr GOME' TEMOIGNOIT DE LA PARTIALITE' CONTRE LE Sr FERRIER PERE, *& que dans ſa depoſition il avoit dit que la Dame Ferrier n'avoit point monté ſur le Theatre à Belfort, ce que le Commiſſaire n'avoit point voulu faire rediger par écrit de quoi led. Pierre Chardoüillet s'etoit plaint ſur le champ à M. Ferrier & enſuite au Depoſant.*

Le Sieur Jean-François Chardoüillet ancien Conſeiller de Ville 53. Témoin de l'Enquête du mois d'Octobre 1723. dépoſe : *Que feu ſon Pere Pierre Chardoüillet lui avoit dit le jour qu'il avoit été oüi en l'une des Enquêtes, ne peut dire ſi c'eſt lors de la premiere ou de la ſeconde ayant été oüi en toutes les deux,* QU'IL AVOIT PENSE' AVOIR DISPUTE AVEC Mr GOME' PARCE QU'IL VOULOIT QUE L'ON DEPOSAT A SA FANTAISIE, *& qu'il avoit dit audit Chardoüillet Pere, que ce n'étoit pas lui que l'on demandoit, à quoi ledit Chardoüillet Pere ajoûta au Depoſant que Mr Gomé marquoit ſa partialité juſqu'au poinct de taxer beaucoup ceux qui depoſoient comme il vouloit & de donner peu à ceux qui ne le faiſoit pas* *ſi vrai qu'il avoit taxé un écu au nommé Jean Pierre Donnat journalier à la Tuilerie d'Eſſerts tandis qu'il n'avoit taxé à lui Chardoüillet que 20. ſols quoique leurs conditions fût bien differentes, que ce qu'il en diſoit n'étoit point par vûë d'interet mais que cela* MARQUOIT LA PARTIALITE' DE Mr GOME'.

Joſeph Cuënin Fils 45. Témoin de l'Enquête du mois d'Octobre 1723. dépoſe : *Qu'il étoit ci-devant Clerc du Sergent Royal le Moine (lequel étoit le Sergent de la Commiſſion) & qu'il n'a autre connoiſſance deſdits faits; ſinon que pluſieurs Temoins ſe ſont plaint au ſortir de la Chambre de l'Hôtel de Ville en laquelle ils avoient été entendus lors de l'Enquête du mois de Fevrier 1721. que Mr Gomé n'avoit point voulu faire rediger par écrit toutes les circonſtances de leurs depoſitions, quoiqu'ils l'en euſſent prié, qu'il a oüi leſdits Temoins ſe plaindre ainſi, & qu'ils diſoient que Mr Gomé temoignoit être plus porté pour le Sr de Reinach que pour le Sr Ferrier Pere.* Ce Témoin dans la répétition raportée par l'Accuſé page 100. de ſon Factum ajoûte : *Qu'il a oüi dire dans le Public qu'il falloit que la Dame de Reinach ait promis quelque choſe à Mr Gomé pour agir comme il avoit fait.*

Joſeph Lemoine Sergent Royal 29. Témoin de l'Enquête du mois d'Octobre 1723. il a été le Sergent de la Commiſſion & à la ſuite de l'Accuſé dans l'Enquête du mois de Février 1721. dépoſe : *Que quelques-uns des Temoins oüis par Mr Gomé en l'Enquête du mois de Février 1721. ſe ſont plaint*

en *fortant de la chambre où ils avoient été entendus tant au Depofant à M.
Ferrier, Queffemme & autres Perfonnes qu'ils trouvoient dans la Ville fur
leur chemin, que Mr Gomé n'avoit point voulu faire rediger par écrit une
partie des circonftances de leurs dépofitions,* ET SE PLAIGNOIENT LESDITS
TE'MOINS HAUTEMENT DE LA PARTIALITE' DE MR GOME'. Ce Témoin
dans la répétition raportée *page* 100. du Factum de l'Accufé dit fur les piéces retenuës par l'Arrêt du 9. Juillet 1729. *Que lorfque les Temoins fortoient
de l'Auditoire & qu'ils fe plaignoient au Depofant de ce que Mr Gomé ne
vouloit pas faire rediger par écrit toutes les circonftances de leurs depofitions,
le Depofant* PENSOIT ALORS QUE MR GOME' PRE'VARIQUOIT DANS SES
FONCTIONS.

Le Sieur Joseph Bellot le jeune Receveur de la Ville 36. Témoin de l'Enquête du mois d'Octobre 1723. dépose *Qu'il a oüi dire à quelques Temoins,*
notamment AU SIEUR CHARDOUILLET DE'FUNT, A LA VEUVE BELLOT *Mere du Depofant,* ET A LA FEMME DE DAVID JARDOT, *qui ont été oüis és
Enquêtes par Mr Gomé, qu'ils avoient lieu de n'être pas contens de lui à
caufe foit de* SES MANIERES BRUSQUES., SOIT DE LA PARTIALITE' QU'IL
AVOIT TEMOIGNE'E *en faifant difficulté d'écrire toutes les circonftances des dépofitions des Temoins, & qu'un des chefs de plainte dud. Chardoüillet étoit que
Mr Gomé avoit taxé trois livres à un Mandiant, parce qu'il avoit depofé en
ladite Enquête* SUIVANT LE DESIR DE MR GOME' & *qu'il n'avoit taxé que
20. fols à lui Chardoüillet d'une condition bien plus relevée.*

François Mangenot Notaire Royal 64. Témoin de l'Enquête du mois
d'Octobre 1723. depose *Que le jour qu'Elizabeth Giboütet veuve de Jacques
Bellot belle-mere du Depofant fût oüie en la feconde Enquête par Mr Gomé,elle
revint chez le Depofant toute émuë & fe plaignant de ce qu'il n'avoit point
voulu faire retenir par écrit toutes les circonftances de fa depofition,* ET QUE
LORSQU'ELLE INSISTOIT POUR QUE CELLES QUE L'ON OBMETTOIT FUSSENT
ECRITES *Mr Gomé lui avoit dit qu'elle étoit* UNE VIEILLE SOTTE, & *
qu'elle ne fçavoit ce qu'elle difoit,* ET QU'IL AUROIT VOULU LUI FAIRE
AVOUER *que le Sieur Ferrier Pere avoit été Laquais portant Livrée chez Mr
de faint Juft, & que fa Femme avoit parû fur le Theatre, defquels faits ladite Bellot difoit fçavoir le contraire, & que c'étoient les circonftances contraires à ces faits que ladite Bellot auroit voulu que l'on écrivît* ET QU'E-
TANT SORTIE DE LA CHAMBRE SANS L'AVOIR PU OBTENIR, & *s'en étant
plainte au Sr Queffemme il avoit obtenu de Mr le Commiffaire, qu'elle rentra, & que lefdites circonftances omifes feroient ajoûtées, ce qui fût fait,
& cependant lad. Bellot fe plaignoit* DE LA CONDUITE DE MR LE
COMMISSAIRE ENVERS ELLE, ET DE LA MANIERE RUDE, *dont
il avoit agi lorfqu'elle dépofoit, que plufieurs autres Témoins fe font plaint
auffi* POUR LE MESME SUJET *de Mr Gomé* PUBLIQUEMENT *au milieu des ruës.*

Jean-Jacques Cuénot Marchand Tanneur deuxiéme Témoin de L'Information du mois d'Août 1729. cette dépofition eft tranfcrite de la page
113. du Factum de l'Accufé, dépofe : *que fe trouvant dans la chambre de
fon Pere couché dans le même lit de fondit Pere qui étoit malade, Mr Gomé y vint accompagné de Lafnier Commis Greffier pour recevoir la dépofition du Pere du Depofant, qu'après fon arrivée il interrogea fondit Pere fi
Ferrier Pere n'avoit pas été Valet de chambre, s'il n'avoit pas eû la Cantine, s'il
ne verfoit pas à boire à tous venans, & s'il n'avoit pas vû la Dame Ferrier
fur le Theatre, que fondit Pere ayant repondu à cefdits faits par une dene-
gation; que fur ce Mr Gomé dit au Pere du Depofant* QU'IL EN E'TOIT
BIEN AISE, MAIS QUE NONOBSTANT CE LESDITS FERRIER NE
REUSSIROIENT POINT DANS LEUR ENTREPRISE PUISQUE D'AU-
TRES TE'MOINS CONVENOIENT AVOIR VU LES SR ET DAME
FERRIER EN LADITE QUALITE', *que fur ce fon Pere foutenoit le contraire; qu'après la fortie de Mr Gomé le Pere du Depofant lui dit;* QUE
MR GOME' AVOIT VOULU LE SURPRENDRE, *mais qu'il n'étoit pas*

si simple de charger sa conscience, que dans le Public il a oüi que l'on disoit que Mr Gomé étoit extremement partial dans cette affaire & qu'il a voulu surprendre des Temoins, & que le Public disoit même, qu'il y a longtems qu'on devoit mettre Mr Gomé dehors, & que le Pere du Deposant lui dit : QU'IL CROYOIT Mr GOME' AUTRE QU'IL N'E'TOIT.

Jean-Pierre Courtot Maire de Chatenois 14. Témoin de l'Enquête du mois d'Octobre 1723. dépose : *Qu'ayant été assigné pour deposer en l'Enquête qui a été faite par Mr Gomé au mois de Fevrier 1721. étant en l'Hôtel de Ville de Belfort & attendant qu'on le fit entrer pour deposer il entendit dire à feu Pierre Chardoüillet qui sortoit de la chambre où étoit Mr le Commissaire, à Elizabeth Giboutet veuve de Jacques Bellot & au nommé Clavey Apoticaire de cette Ville,* QUE Mr LE COMMISSARE NE VOULOIT POINT FAIRE REDIGER PAR ECRIT CE QUE LES TE'MOINS DEPOSOIENT, *lequel discours ils tinrent à Ferrier Fils ajoûtant qu'il eût à y prendre garde, & que peu après l'Enquête fut discontinuée sans que le Deposant fut entendu.*

Elie Papelon Bourgeois de Belfort 39. Témoin de l'Enquête du mois d'Octobre 1720. depose: *Qu'il a oüi dire à plusieurs Personnes residentes en cette Ville, même à quelques Témoins du nom desquels il ne peut se souvenir que Mr Gomé avoit fait souvent refus d'écrire toutes les circonstances de leurs depositions ce qui occasionnoit les plaintes desdits Temoins.*

Le Sieur Pierre Pougeol Commissaire d'Artillerie 67. Temoin de l'Enquête du mois d'Octobre 1723. depose : *Que quelques Temoins qui ont été oüis és Enquêtes faites par Mr Gomé se sont plaint qu'il n'avoit pas fait rediger par écrit toutes les circonstances de leurs depositions :* Dans la répétition faite sur les piéces retenües par l'Arrêt du 9. Juillet 1729. il s'explique en ces termes raportés *page* 100. du Factum de l'Accusé : *Qu'il a une idée confuse d'avoir entendu par le Sieur Morandon qui lui dit lorsque Mr Gomé procedoit à l'Enquête de 1720. que Mr Gomé agissoit dans ses fonctions d'une façon bien scandaleuse.*

*La Dame Antoinette Duchemin veuve du Sieur Joannes Trésorier de Belfort premier Témoin de l'information du mois d'Août 1729. cette déposition est tirée de la *page* 112. du Factum de l'Accusé depose : *Que feu son mari lui dit revenant du Jardin de Mr Noblat, où il avoit eû une conversation avec Mr Gomé lequel procédoit soit à l'Enquête du mois d'Octobre 1720. ou Fevrier 1721. qu'il étoit en colere contre Mr Gomé de la conversation qu'il avoit eüe avec lui ne sçait cependant la Deposante sur quoi avoit roulé la conversation, qu'elle a même oüi dire dans le Public que l'on se plaignoit beaucoup de la conduite de Mr Gomé, de ce qu'il faisoit injustice aux Ferrier par sa partialité.*

Le Sieur Nicolas Pigenat Curé de Buth 42. Témoin de l'Enquête du mois d'Octobre 1723. depose : *Qu'ayant rencontré Mr Gomé qui revenoit de Belfort (& le Deposant revenant d'Eguisheim près Roussach) vers le mois d'Octobre 1720. en la Ville de Cernay où étant l'un & l'autre au Cheval blanc, Mr Gomé lia conversation avec le Deposant il lui dit qu'il venoit de faire une Enquête pour le Comte de Reinach sur quatre faits; sçavoir si Ferrier Pere avoit été Valet de Chambre de Mr de St Just s'il avoit été Cantinier, & versoit à boire à tous venans, si la Dame Ferrier avoit monté publiquement sur le Theâtre & y avoit joüé des rolles. Que tous ces faits étoient prouvés par la deposition des Temoins desquels Mr Gomé lui récita une partie sans toutefois lui nommer les noms des Temoins ni lui avoir montré ou lû l'Enquête. Mr Gomé ajoûta sur ce que le Deposant lui dit, que cette affaire étoit bien facheuse pour le Sieur Ferrier Pere, que lui Mr Gomé avoit conseillé audit Ferrier d'accommoder cette affaire, mais que son Fils qui étoit un étourdi n'avoit pas voulu se soûmettre, que le Sr de la Porte Conseiller au Magistrat de cette Ville étoit aussi present audit Cabaret à ces discours, & le Deposant dans son étonnement de les entendre dit audit la Porte, est-ce que les Juges parlent ainsi des Parties, & de ce que les Temoins ont dit*

* Le sens coupé de cette Déposition donne lieu de craindre que l'Accusé sur la foy duquel on est obligé de la raporter, ne l'ait tronquée en quelque partie.

dit devant eux, n'observent-ils pas le même secret que les Confesseurs? à qui ledit la Porte repliqua QU'APAREMMENT MR GOME' NE PARLOIT AINSI QUE DANS LE DESSEIN DE SE FAIRE RECUSER ET DE NE VOULOIR ESTRE JUGE, & que le Deposant reconnût en Mr Gomè qu'il n'étoit point PORTE' POUR LE SR FERRIER FILS SUIVANT LES DISCOURS QU'IL TINT. Ce Témoin répeté sur les piéces retenuës par l'Arrêt du 9. Juillet 1729. s'explique encore en ces termes raportés dans le Factum de l'Accusé pages 100. & 101. Qu'un homme à ce qu'il croit comme on lui a dit, être Maître Larcher (c'est le nom du Procureur de Mr de Reinach) fit sortir Mr Gomé & par là interrompit la narration de la deposition des Temoins * ne peut pas nous dire positivement si c'étoit pour interrompre ladite narration ou pour l'apeller à dîner, que cependant les discours de Mr Gomè ont fait penser au Deposant qu'il étoit entierement partial.

Le Sieur Adam de la Porte Conseiller au Magistrat de Belfort 58. Témoin de l'Enquête du mois d'Octobre 1723. ce Témoin parle de même que le précedent & comme l'Accusé page 74. de son Factum convient de cette uniformité des deux depositions, il seroit inutile de transcrire dans la déposition de ce Témoin les termes de celle du précedent.

On a vû que l'Accusé dans l'origine de ses calomnies s'étoit proposé de traverser la réception du Plaignant en l'Office de Conseiller pour rompre un autre établissement qui devoit suivre cette réception, il faut relever une circonstance qui prouve que l'Accusé dans la défiance du succés de la malheureuse affaire qu'il avoit sous le nom de Mr de Reinach suscité au Plaignant, a tenté de persuader aux Parens du Plaignant qu'il lui conviendroit de se défaire dudit Office, tels sont les injustes conditions de l'accommodement que l'Accusé fit proposer. le Sieur Curé de Buth observe entr'autres, que l'Accusé lui dit: Qu'il avoit conseillé au Pere du Plaignant d'accommoder cette affaire; mais que le Plaignant qui étoit un étourdi n'avoit pas voulu se soûmettre. *

La déposition de la Dame Fournier est rélative à celle du Sieur Curé de Buth en ce qui touche le dessein formé par l'Accusé d'empêcher la réception du Plaignant, cette Dame a été oüie en 18. ordre dans l'Enquête du mois d'Octobre 1723. Elle dépose Que Mr Gomé lui a dit que les faits qui avoient été posés par le Sieur de Reinach étoient prouvés par l'Enquête qu'il avoit faite; lequel discours il tint à la Deposante dans le tems qu'il étoit à Belfort & qu'il venoit de proceder à ladite Enquête, Mr Gomé ajoûtant à la Deposante, QU'IL ETOIT FACHE' DE CE QUE LESDITES PREUVES ETOIENT SI FORTES ET SI CLAIRES; & que lesdites preuves étant telles il ne convenoit pas que M. Ferrier Fils fut admis à être Conseiller au Conseil & qu'un ami qui voudroit obliger la Famille feroit bien de faire dire audit Ferrier ou à quelqu'un de sa Famille DE SE DE'FAIRE DUDIT OFFICE, ce dont la Deposante FUT CHARG'EE, & qu'elle exécuta en effet en le disant au Sieur Marechal beau-Frere du Sieur Ferrier.

Ici l'Accusé paroît s'interesser pour la Famille du Plaignant, il paroît inspiré de sentimens tout oposés à ceux qu'il avoit précedemment témoigné d'une façon la plus emportée: mais pour cüeillir le fruit de la proposition qu'il faisoit faire à un Parent du Plaignant qu'il comptoit de pouvoir surprendre, n'étoit-il pas necessaire de se déguiser? l'Accusé sçavoit trop bien que pour faire recevoir un Conseil il faut avant toutes choses suposer qu'il vient d'un cœur sincere & affectionné à celui que l'on veut tromper, les Témoins oüis à la Requête de Monsieur le Procureur General ont cités les occasions dans lesquelles l'Accusé a donné des marques sensibles de cette dissimulation, on ne peut que conclure de cette derniere démarche, que l'Accusé se proposoit d'empêcher la réception du Plaignant & comme le Plaignant n'étoit qu'un étourdi incapable de gouter les avis désinteressés de l'Accusé, on vouloit gagner quelqu'un de sa Famille & le prévenir du chagrin qu'avoit l'Accusé de ce que le Plaignant ne pourroit pas être reçû.

G.

Mais dit-on fi l'Accufé s'étoit porté aux excés dont parlent les Témoins on n'auroit pas manqué de le récufer, on ne l'a cependant pas fait, tous ces Témoins ont donc été fubornés.

On fçait que dans les affaires de diffamation les Perfonnes qui y font intereffées font toûjours les dernieres à en aprendre la nouvelle, la difcrétion & le ménagement que l'on a eû pour les deux Parties leur ont été mutuellement funeftes; l'Accufé n'auroit pas eû l'occafion de prévariquer fi le Plaignant avoit fçû qu'il étoit fa Partie, il n'en a été inftruit que par la voix du Public irrité & indigné de fes excés; mais pour lors l'iniquité étoit confommée, la récufation qui ne tend qu'à prévenir les effets de la partialité n'étoit plus une voye capable de faire réparer le mal qui étoit fait, il eft prouvé par les vingt-deux dernieres dépofitions ci-devant raportées que dés le mois d'Octobre 1720. on s'étoit aperçû que l'Accufé *dans fes fonctions agiffoit d'une façon bien fcandaleufe*, que les Témoins fe plaignoient dés-lors *des piéges qui leur avoient été tendus & des difficultés qu'ils ont eû pour faire corriger ce que l'on avoit malicieufement inferé dans leurs dépofitions*, déja on avoit hautement dit : *Qu'il n'y avoit pas moyen de dépofer devant un pareil Commiffaire*, le Greffier avoit déja témoigné le chagrin où il étoit de ce que fon devoir l'affujettiffoit *à écrire tout ce qu'on lui dictoit.*

Déja les difcours de l'Accufé avoient fait penfer à des Perfonnes judicieufes & Gens de Lettres : *Qu'il inclinoit à la prévarication*; déja les faits qui s'étoient paffés fous les yeux des bas Officiers qui étoient fous les ordres & à la fuite de l'Accufé leur avoient fait : *penfer alors qu'il prévariquoit dans fes fonctions* : l'on tenoit déja de la bouche des Témoins *produits même* par Mr de Reinach : *Que l'Accufé n'étoit pas droit* : Déja *ces plaintes trop publiques avoient caufé fcandale dans la Ville* : on avoit même déja : *averti l'Accufé (pendant qu'il travailloit aux Enquétes) de ces difcours publics*. On avoit déja été fcandalifé de fes emportemens contre le Plaignant : les difcours de l'Accufé avoient déja fait penfer : *qu'il étoit partial & ennemi du Plaignant.*

Les motifs du Jugement public porté contre l'Accufé font caufés & circonftanciés, ils font tirés des actions mêmes de l'Accufé, actions qui fe font paffées en préfence des Témoins qui en parlent par leur connoiffance propre & immédiate; le Jugement qu'ils ajoûtent avoir porté en conféquence des difcours & actions dont ils ont été les témoins eft une feconde circonftance qui caractérife l'impreffion violente que ces mêmes actions ont faite fur leurs efprits dans l'inftant qu'elles fe font paffées en leur préfence.

Il eft cependant bien vrai que le fecond genre des charges réfultantes des plaintes publiquement faites par les Témoins que l'Accufé venoit d'entendre n'eft pas généralement fondé fur une connoiffance fi abfolument propre & immédiate, & que ce fecond genre de preuves doit être fubdivifé.

Les Officiers fubalternes qui étoient à la fuite de l'Accufé, & qui en conféquence des faits qui fe font paffés fous leurs yeux ont jugé : *qu'il prévariquoit dans fes fonctions* : parlent fur le fondement d'une connoiffance qui leur eft immédiatement propre, & on doit fans difficulté mettre dans le même rang les Dépofitions de ceux d'entre les Témoins qui en raportant les termes des plaintes faites par leurs Peres & Meres, dépofent de l'émotion dans laquelle ils ont de leur propre connoiffance vû leurs Parens dans le moment que pénétrés encore d'une douleur toute récente ils en ont naturellement déclaré le fujet dans le fein de leur famille.

Le récit des autres plaintes plus générales eft véritablement rélatif & dépendant, mais la preuve de ce récit eft trés-relevante, eu égard aux circonftances du tems où il a été fait, ce tems étoit celui auquel on faifoit une Enquête par défaut contre le Plaignant; fa Partie adverfe produifoit les mêmes Témoins qui fe font fi hautement récrié contre la conduite de l'Accufé, ces plaintes faites dans un tems non fufpect emportent deux conféquences.

La première qu'il n'eſt pas poſſible comme le veut ſupoſer l'Accuſé, que ce ſoit à l'occaſion de la priſe à partie ; que l'on ait ſuborné les Témoins qui avoient été oüis par l'Accuſé, ou qu'on leur ait ſuggeré ce qu'ils ont dans la ſuite des Procédures dépoſé ſur les ſujets de plaintes que l'Accuſé leur avoit donné ; parce qu'en les expliquant dans leurs dernieres Dépoſi-tions, ils n'ont fait que répéter à la face de la Juſtice le même récit qui eſt conſtaté avoir déja été fait par eux de leur propre mouvement dans un tems non ſuſpect, & par un effet de leur étonnement ſur la conduite de l'Accuſé.

* La ſeconde & qui tombe ſur la notoriété du ſcandale eſt que l'Accuſé avoit lui-même diſpoſé le public à ajoûter pleine foy au récit fait par les Témoins des circonſtances de ſes prévarications, & a par ſon propre fait cauſé le ſcandale, d'où l'on peut invinciblement conclure, que la répu-tation ne réſidant que dans l'idée que chacun inſpire de ſes mœurs dans le public ; l'Accuſé par ſon propre fait a été diffamé dans le public long-tems avant la priſe à partie, & indépendemment du fait du Plaignant.

Suite des Preuves acquiſes contre l'Accuſé.

D E tous les faits calomnieuſement inventés par l'Accuſé il n'y en a pas à la preuve duquel il ſe ſoit attaché avec plus d'ardeur & de malignité qu'à celui qui touche la Mere du Plaignant ; ſes converſations étoient inépuiſables ſur ce fait, parce qu'il le conſidéroit comme le plus invincible obſtacle à la Réception du Plaignant qu'il s'étoit propoſé de traverſer.

Pour entendre parfaitement les artifices qu'il a pratiqué dans cette vûë eſt important d'obſerver un poinct de fait qui eſt certain, & dont l'Accuſé a voulu faire rejaillir les conſéquences ſur la Mere du Plaignant, & il faut rapeller les circonſtances dans leſquelles le Conſeil Souverain d'Alſace à ren-du l'Arrêt interlocutoire en exécution duquel l'Accuſé devoit faire des Enquêtes.

La Mere du Plaignant avoit en premieres Nôces épouſé le Sr Simon-Laurent Dubillaud long-tems avant ce Mariage ce Dubillaud & un ſien Frere avoient dans leur jeuneſſe quitté la Maiſon de leur Pere à l'occaſion de quelques prétendus mauvais traitemens d'une marâtre ; cette déſertion avoit été accompagnée de quelques autres circonſtances aſſés ordinaires en de pareilles conjonctures & qui avoient extrêmement irrité leur Pere.

Ce premier écart les jetta bien-tôt dans un autre beaucoup plus fâcheux & qui fut de ſe mettre dans une Troupe d'Operateur avec laquelle ils pa-rurent à Belfort, à Porrentruy & à Montbelliard ; ce fut dans la derniere de ces Villes que leur Famille informée de ce libertinage les fit arrêter, ils renoncérent dés-lors au déſordre dans lequel ils n'avoient été que pen-dant fort peu de tems & dans un âge inconſideré, il eſt trés-averé que de-puis ce tems-là ils ont vêcu en trés-honnêtes gens.

Long-tems aprés cet événement l'aîné rechercha en mariage la Mere du Plaignant qui étoit à Clerval chés le Sr Siroutot & la Demoiſelle Magnin ſes Pere & Mere ; le Mariage fut conclu à Beſançon par les ſoins & avis du feu le Sr Dubois Avocat, grand Oncle de la Mere du Plaignant ; la ré-putation du Sr Dubois n'eſt pas encore tombée dans un aſſés grand oubli pour ne pas perſuader, que loin d'avoir été capable de contribuer à une Alliance deshonorante, il ne s'y fût vivement opoſé, ſi pour lors il avoit été queſtion de Théatre ou choſe aprochante ; Dubillaud moürut quelque tems aprés ce Mariage.

Lors de la plaidoirie de la Cauſe ſur laquelle le Conſeil Souverain d'Al-ſace a interloqué les Parties, Mr de Reinach poſa pour la premiere fois en fait que les Dubillaud avoient été Charlatans ; que la Mere du Plaignant avoit épouſé l'aîné, qu'elle l'avoit ſuivi dans ſa Profeſſion & avoit paru

avec lui ſur le Theatre. Le Plaignant repreſenta *qu'il n'avoit rien à répon-*
dre ſur les faits qui étoient imputés aux Dubillaud, leſquels lui étoient ab-
ſolument indifferens, qu'il ne prenoit interêt qu'aux faits perſonnellement
avancés contre ſa Mere, il ſoûtint qu'ils étoient calomnieux & il en demanda
reparation.

Il eſt hors de doute que ſans la circonſtance de l'Office de Conſeiller
dont le Plaignant étoit pourvû on ne ſe ſeroit pas arrêté à des faits de cette
nature, dont la preuve étoit d'ailleurs inutile, mais en ſe déterminant à l'ad-
mettre les Juges eurent en même tems ſoin de diſtinguer ſcrupuleuſement
les faits ſur leſquels les Enquêtes devoient être faites, ils en rejetterent
tous ceux qui touchoient les Dubillaud, cela eſt ſi vrai que l'Accuſé dans
ſa Réponſe au 14. article de l'Interrogatoire denie avoir interrogé les Témoins
ſur faits qui concernoient les Dubillaud. Mr de Reinach preſent à l'Audience fut obligé d'articuler les faits purement perſonnels à la Mere du
Plaignant, & il fut admis à prouver. 1o. Qu'elle avoit été Charlatanne. 2o.
Qu'elle avoit publiquement monté ſur le Theatre. 3o. Et qu'elle y avoit
joüé les rolles de Colombine.

Les dépoſitions des Témoins oüis par un Commiſſaire tout autre que
n'étoit l'Accuſé auroient été rélatives aux termes choiſis par l'Arrêt, mais
les bornes de ſa diſpoſition ont paru trop étroites à l'Accuſé, cet Arrêt n'a
été ni la régle de ſa conduite ni le guide des dépoſitions des Témoins ;
l'hiſtoire des jeunes Dubillaud lui étoit trop chere pour négliger l'occaſion
d'en ériger un monument dans ſes Enquêtes, la recherche inique de cette
hiſtoire a ſervi de prétexte aux interrogats étrangers qu'il a fait aux Témoins,
& en les interrogeant rélativement ſur les faits qui touchoient la Mere du
Plaignant, il a retenu du total de leurs réponſes un tiſſu de narration entremêlée
tant ſur les faits dont il s'agiſſoit que ſur ceux dont il ne s'agiſſoit pas, & il a telle
ment lié les circonſtances des uns avec les conſéquences des autres, que dans ce
mélange artificieux les faits indûëment prouvés contre les Dubillaud devenoient communs à la Mere du Plaignant contre l'eſprit & contre l'intention des Témoins, c'eſt ce qui va être démontré par les textes des dépoſitions, dont on ne raportera ſous ce chapitre que la partie qui eſt rélative aux prévarications commiſes ſur le fait qui touche la Mere du
Plaignant.

<table>
<tr><td>Texte des
Dépoſitions</td><td>

* Joſeph Laſnier 68. Témoin de l'Enquête du mois d'Octobre 1723.
Dépoſe : Qu'il a redigé les depoſitions ſous la diction de Mr Gomé dans les
deux Enquétes, qui ont été faites aux mois d'Octobre 1720. & Fevrier 1721.
qüe Mr Gomé lors deſdites Enquêtes n'a point fait donner lecture aux Te-
moins de l'Arrét du 11. Septembre precedent, ſur lequel les Parties ont été
interloquées, ni d'aucun autre, qu'il les interrogeoit ſeulement. Qu'il de-
mandoit aux Temoins S'ILS N'AVOIENT PAS CONNU LES DUBIL-
LAUD, *& s'ils ne les avoient pas vû joüer ſur le Theatre, lorſque les*
Temoins repondoient qu'ils avoient vû leſdits Dubillaud joüer, Monſieur
Gomé leur demandoit s'ils n'avoient pas vû joüer LA FEMME DUDIT
DUBILLAUD *ſur le Theatre, & les Temoins* RE'PONDANT QUE NON,
Mr Gomé leur faiſoit un DERNIER INTERROGAT *pour ſçavoir ſi le Te-*
moin ne ſçavoit pas le NOM *que ladite Dame avoit* LORSQU'ELLE JOUOIT
ET SI ELLE NE PORTOIT PAS CELUI DE COLOMBINE : *à quoy*
le Temoin diſoit que puiſqu'il ne l'avoit point vû joüer & ne ſçavoit mê-
me qu'elle eut joüé, il ignoroit QU'ELLE EUT AUCUN NOM QUE
LE SIEN, *ſur quoi Mr Gomé faiſoit rediger par écrit les réponſes des Te-*
moins SANS LIAISON L'UNE AVEC L'AUTRE, *en ſorte que ſeparée*
elle formoit un ſens ſouvent CONTRAIRE A L'ESPRIT ET A L'INTEN-
TION DU TE'MOIN, *quelquefois il preſſoit le Temoin* PAR SES INS-
TANCES ET PAR SES APOSTROPHES REITERE'ES *pour le faire con-*
venir d'avoir vû joüer ladite Dame ſur le Theatre. Que l'un deſdits Te-
moins nommée Elizabeth Giboutet Veuve de Jacques Bellot ayant inſiſté à ce
que toutes les circonſtances de ſa depoſition fuſſent redigées par écrit, &
n'ayant point voulu S'EN RELACHER QUOYQUE LUY EUT DIT Mr
GOME', *il ſe facha & dit au Depoſant d'écrire tout ce que* CETTE VIEILLE
FOLLE ,

</td></tr>
</table>

FOLLE, CETTE VIEILLE SORCIERE *voudroit dire.*, *à quoi le Depofant repondit qu'il n'avoit garde* DE REDIGER DE SON CHEF *la depofition d'un Temoin, & qu'il n'écriroit rien que Mr Gomé* NE LUI DICTAT : *Qu'il* A PARU VISIBLEMENT *au Depofant dans toutes les deux Enquêtes que Mr Gomé étoit entierement* PORTÉ POUR LE Sʀ DE RÉINACH *; & qu'il tachoit de le* FAVORISER *par la maniere dont il parloit aux Témoins, & dont il* DICTOIT *leur depofition* OBMETTANT *les circonftances qui tendoient* A DÉTRUIRE *les faits pofés par ledit Sr de Reinach, &* INSERANT *les réponfes des Témoins par* DES PHRASES ET DES SENS *entrecoupés qui tendoient* A ÉTABLIR *ces mêmes faits, fuivant que les Témoins lui en donnoient* PLUS OU MOINS D'OCCASION.

L'Accufé inferoit les réponfes affirmatives des Témoins fur le fait de Dubillaud dont l'hiftoire eft auffi exactement retenuë dans les Dépofitions, que fi l'Enquête eût été directement faite contre lui ; il étoit encore plus exact à inferer la circonftance du Mariage de Dubillaud, dont il fuprimoit adroitement l'époque, jufques-là toutes les preuves acquifes contre Dubillaud devenoient communes & s'apliquoient à la Mere du Plaignant, & pour établir plus conféquemment cette aplication, l'Accufé a généralement fuprimé les réponfes des Témoins fur les deux premiers faits articulés perfonnellement contre elle ; & fur le troifiéme fait, après leur avoir fait cet interrogat : *Vous ne fçavés donc pas, ou vous ne vous fouvenés pas du nom qu'on lui donnoit lorfqu'elle joüoit fes Rolles* ; le Témoin ayant répondu, *que non* ; il redigeoit fa Dépofition en ces Termes : *Ne fçait ou ne fe fouvient pas du nom qu'on lui donnoit lorfqu'elle* JOUOIT PUBLIQUEMENT SES ROLLES SUR LEDIT THEATRE, enforte que toute négative que fut cette réponfe ; néanmoins étant ainfi rédigée & liée avec le récit des faits précédemment énoncés, elle devenoit trés-affirmative & fupofoit que la feule circonftance qui eût échapé à la Mémoire du Témoin étoit celle du nom que l'on donnoit à la perfonne dans le tems. 1°. Qu'elle étoit Charlatane. 2°. Qu'elle montoit fur le Théatre. 3°. Et qu'elle y joüoit des Rolles, qui font les feuls faits choifis par l'Arrêt interlocutoire.

On verra le progrés des artifices de l'Accufé dans les autres Dépofitions qui font toutes rélatives à celles du Greffier ; mais avant de les raporter il convient de répondre à deux prétendus moyens d'atténuation que l'Accufé propofe contre la Dépofition du Greffier, & dont le fecond fupofe entre cette Dépofition & celle des autres Témoins une contrariété qui eft trésmal imaginée.

L'Accufé page 79. de fon Factum s'explique ainfi : *Lafnier dit que Mr Gomé n'a point fait faire lecture de l'Arrêt interlocutoire aux Témoins ; c'eft là une fauffeté infigne prouvée telle ; en premier lieu, parce que Lafnier a écrit lui-même le contraire en tête des Dépofitions de tous les Témoins.*

Il eft vrai que Lafnier l'a écrit, mais il eft pareillement vrai qu'il a encore écrit beaucoup d'autres chofes contre lefquelles on a admis fon témoignage, parce que les déportemens de l'Accufé l'ont fait décheoir du bénéfice de la préfomption de droit qui en toute autre cas auroit milité pour lui, il ne convient pas de citer ici comme preuve de fauffeté une circonftance qu'on avoit déja employée pour moyen de reproche ou fin générale de non recevoir contre toute la Dépofition, l'Accufé a été débouté de ce moyen par Arrêt contradictoire & irrévocable.

En deuxiéme lieu, continuë l'Accufé, *parce que parmi les Témoins qui compofent l'Enquête de Ferrier Fils, il y en a quantité qui affûrent que Mr Gomé leur a fait lecture de l'Arrêt qui interloquoit les Parties, quelle foy mérite un homme, &c.*

* Vingt-deux Témoins difent qu'on ne leur donna pas lecture de l'Arrêt, mais qu'ils furent interrogés fur les faits qui y font portés ; dix-huit autres femblent dépofer le contraire & difent que l'Accufé leur donna lecture de l'Arrêt interlocutoire, ou du moins, ajoûtent-ils, il les interrogea fur tous les faits qui y font portés : Il eft aifé de concilier la prétenduë contrariété.

* Conciliation de la prétenduë contrarieté.

H

Il confte généralement des unes & des autres Dépofitions que l'Accufé procédoit par Interrogats ; on n'a jamais prétendu que dans ces Interrogats il ait fuprimé aucun des faits portés par l'Arrêt interlocutoire , il étoit trop enclin à cette recherche ; on s'eft plaint de ce que pour l'étendre cette recherche au-delà des termes de l'Arrêt il a procédé par Interrogats , les Dépofitions des Témoins qui ont crû bonnement qu'il leur avoit lû l'Arrêt contiennent une preuve de la furprife qu'il leur a faite ; car l'Arrêt interlocutoire ne parle pas de Dubillaud ni de fon Frere , il ne parle point de Livrée, d'Aiguillettes, de qualité de Laquais ; cependant ces Témoins dépofent : *Que fur les faits concernans Dubillaud & fon Frere, ils ont répondu que, &c.* & ainfi des autres faits dont il n'eft fait mention quelconque dans l'Arrêt interlocutoire ; peut-on ne pas voir que leur erreur vient de ce que la lecture du Mémoire qui contenoit les Interrogats, a paffé dans leur efprit pour la lecture de l'Arrêt même ; les autres Témoins ont diftingué ce fait ou avec plus de difcernement ou avec plus d'attention ; auffi le Confeil Souverain d'Alface a-t'il parfaitement reconnu que fon Arrêt interlocutoire n'avoit été ni la régle de la conduite du Commiffaire, ni le guide des Dépofitions des Témoins ; la Dépofition du Greffier & celles de tous les autres Témoins font donc très-évidemment conciliées.

Marie Beautemps Femme de David Jardot Marchand de Belfort 33. Témoin de l'Enquête du mois d'Octobre 1723. Dépofe : *Qu'ayant comparu pardevant Mr Gomé pour depofer en l'Enquête au mois d'Octobre 1720. Mr Gomé lui fit differens interrogats fur les mêmes faits qui font contenus en l'Arrêt du 11. Septembre de la même année que nous lui avons reprefenté , & qu'après fa depofition écrite & qu'elle lui eut été luë,* ELLE EUT QUEL-QUE DIFFICULTE' AVEC Mr GOME' *fur ce qu'on* AVOIT INSERE' *dans fa depofition*, QU'ELLE DISOIT AVOIR VU LA DAME DUBIL-LAUD SUR LE THEATRE AVEC SON MARI, *la Depofante reprefenta à Mr Gomé* QU'ELLE NE L'AVOIT POINT DIT, *& qu'en effet elle* N'AVOIT POINT VU LADITE DAME, *mais feulement le Sr Dubillaud, le priant de faire effacer cet article de fa dépofition, fans quoi elle ne figneroit point, à quoi Mr Gomè* REPONDIT ; POURQUOY ELLE NE VOULOIT PAS LE DIRE, *puifque d'autres Temoins qui avoient depofé precedemment & qui étoient moins âgé que la Depofante* LE DI-SOIENT AINSI, *à quoi elle repliqua que les autres pouvoient* LE DIRE S'ILS L'AVOIENT VU, *mais que pour elle* NE L'AYANT POINT VU, *& ayant fait* SERMENT DE DIRE LA VERITE' *elle ne pouvoit dire autrement & enfin voyant* SA RESISTANCE A SIGNER *Mr Gomé* FIT A-JOUTER AU BAS DE SA DE'POSITION *ce qui convenoit pour reformer ledit article ; ajoûte la Depofante,* QU'ELLE A E'TE' SI TOUCHE'E DE CETTE AFFECTATION ET PARTIALITE' *qu'elle n'a pû s'empêcher de s'en plaindre à d'autres Perfonnes * de ce qu'on avoit tâché d'inferer dans fa depofition* CE QU'ELLE N'AVOIT PAS LA PENSE'E DE DIRE.

Marie Urfule Courtot femme du Sieur François Thomas 49. rémoin de l'Enquête du mois d'Octobre 1723. dépofe : *Qu'ayant comparu & depofé pardevant Mr Gomé en l'Enquête du mois de Feurier 1721. lorfqu'on lui fit lecture de fa depofition* ELLE S'APERÇUT *que l'on avoit inferé,* QU'EL-LE NE SÇAVOIT POINT LE NOM QUE L'ON DONNOIT A LA DAME DUBILLAUD SUR LE THE'ATRE, *quoiqu'elle eût depofé,* QU'ELLE NE L'AVOIT JAMAIS VU SUR LE THEATRE, *ce qui lui fit de la peine, & elle pria Mr le Commiffaire de le rayer ou de le corriger ; à quoi il fatisfit* AVEC DIFFICULTE' *& ayant fait faire lecture de ce qu'il avoit ajoûté pour corriger la precedente expreffion la Depofante demanda encore qu'il y fut inferé que les Dubillaud* NE S'ETOIENT MARIE' QU'A-PRE'S ESTRE SORTI DE BELFORT, *ce qui fut encore ajoûté quoique Mr Gomé en fit difficulté ; la Depofante s'opiniâtrant ; que cette conduite* DE Mr GOME' FIT CROIRE A LA DE'POSANTE *qu'il avoit voulu inferer* QUELQUE CHOSE DE PLUS QU'ELLE N'AVOIT DIT . * OU EN SUPRIMER QUELQUE CIRCONSTANCE.

Elizabeth Giboutet veuve du Sieur Jacques Bellot 70. témoin de l'enquête du mois d'Octobre 1723. Dépofe : *Qu'elle ne fe fouvient point qu'il lui ait été fait lecture d'aucun Arrêt lorfqu'elle a depofé dans les deux Enquêtes des mois d'Octobre 1720. & Fevrier 1721. que Mr Gomé l'interrogea cependant fur les faits portés par l'Arrêt du 11. Septembre precedent que* nous lui avons reprefenté (elle parle en tête de fa dépofition de faits qui feront ci après raportés en leur ordre & continuë comme s'enfuit) *& fur le troifieme fait concernant la Dame Ferrier, elle depofa dès la premiere Enquéte qu'elle avoit vû joüer les Dubillaud à Belfort ; mais qu'elle n'avoit* POINT VU LA DAME FERRIER AVEC EUX, *parce que ni l'un ni l'autre defdits Dubillaud* N'ETOIT MARIE' ALORS, LAQUELLE DERNIERE CIRCONSTANCE Mr GOME' NE FIT POINT E'CRIRE; *& lors de la feconde depofition ayant* DIT LES MESMES REPONSES, *& ayant demandé qu'elles fuffent écrites en leur entier, Mr Gomé ne voulut point faire écrire, que la Depofante* N'AVOIT POINT VÛ LA DAME FERRIER SUR LE THEATRE, *& qu'elle* N'ETOIT POINT MARIE'E *lorfque les Dubillaud joüoient à Belfort, & fur ce que la Depofante infiftoit à ce que cela fut écrit Mr Gomé* SE MIT EN COLERE, *& dit à la Depofante* QU'ELLE E'TOIT UNE VIEILLE, AUQUEL TERME IL EN AJOUTA ENCORE D'AUTRES PLUS RUDES, ET QU'ELLE NE SÇAVOIT CE QU'ELLE DISOIT, *elle repliqua* TOUTE E'TOURDIE *d'un pareil traitement, que fi on ne vouloit pas* L'ECOUTER, ET E'CRIRE CE QU'ELLE DISOIT, *il etoit inutile de la faire venir;* CEPENDANT ELLE SE RETIRA, *& ayant rencontré M: Queffemme à l'entrée du veftibule près l'efcalier par lequel il venoit de defcendre de l'étage d'en haut, la Depofante lui fit fes plaintes; lefquelles ayant été aparemment entenduës de Mr Gomé, il ouvrit la porte de la chambre dans laquelle il etoit, demandant ce que c'étoit, Queffemme s'avança, lui dit le fujet des plaintes de la Depofante, & le fuplia avec honnêteté de deferer à fa priere,* MR GOME' CONTINUA D'EN FAIRE DIFFICULTE', *& ne s'y rendit qu'aprés plufieurs inftances aprés quoi il fit rentrer la Depofante dans la chambre & fit ajoûter en marge les circonftances qui concernoient la Dame Ferrier & la Depofante aprés avoir figné cet ajouté fe retira, qu'elle ne fçait rien des autres faits juftificatifs portés par l'Arrêt;* finon QUE LA PLUPART DES T'EMOINS SE PLAIGNOIENT DE LA PARTIALITE' DE Mr GOME' *& qu'il temoignoit par la maniere* DONT IL LES IETERROGEOIT, ET DONT IL FAISOIT RE'DIGER LEURS DEPOSITIONS.

MarieAnne Donzé Femme du Sr Dufaux 26. témoin de l'enquête du mois d'Octobre 1723. Dépofe : *Qu'elle a été oüie en l'Enquéte faite au mois d'Octobre 1720. que Mr Gomé lui fit faire lecture des faits portés par l'Arrêt du 11. Septembre precedent, que nous lui avons reprefenté aufquels elle repondit* (en cette premiere partie elle fait le récit de ce qu'elle a dépofé fur les faits avancés contre le pere du plaignant, ce récit fera raporté dans l'ordre des faits, elle continuë ainfi) *& qu'à l'égard de la Dame Dubillaud,* ELLE N'AVOIT POINT MONTE' SUR LE THE'ATRE EN CETTE VILLE, *que lorfque la depofition du Temoin eût été redigée par écrit elle* FUT ETONNEE' D'ENTENDRE *à la lecture qu'on lui en fit, que l'on avoit écrit comme fi la Depofante eut vû Ferrier le Pere chés Mr de St Juft en l'une de ces trois qualités, de Laquais, de Valet de Chambre ou de M. d'Hôtel, & que l'on avoit auffi inferé fur le fait de la Dame Dubillaud,* CHOSES QU'ELLE N'AVOIT POINT DIT, *elle demanda à Mr le Commiffaire de faire rayer les termes de Laquais & de Valet de Chambre, & de faire reformer l'autre article fans quoi elle ne figneroit point,* MR GOME' Y CONSENTIT AVEC PEINE, *& en effet fit faire une rature, que la Depofante figna enfuite, mais qu'elle reconnu bien par cet endroit,* ET PAR LES INSTANCES *avec lefquelles Mr Gomé lui repeta plufieurs fois affirmativement, qu'elle avoit vû ledit Ferrier Pere Laquais, & fa Femme fur le Theatre, quoique la Depofante perfifta à dire que non,* QUE MR GOME' CHERCHOIT A LUI FAIRE DIRE

CHOSES CONTRAIRES A SA CONNOISSANCE ET A SA PENSE'E, *& qu'elle n'a aucune connoissance des autres faits portés en l'Arrêt du 22. Septembre dernier*, ajoûte *la Déposante qu'elle dit même dans sa deposition à Mr Gomé que c'étoit le nommé Ferrand qui étoit Valet de Chambre de Mr de St Just, & que lorsque Mr Gomé vit qu'elle ne vouloit pas avoüer les faits ci-dessus énoncés que Ferrier Pere eût été Valet de Chambre, & que sa Femme eût joüé sur le Theatre*, IL DIT A LA DÉPOSANTE, QUE CEPENDANT D'AUTRES TEMOINS LE DISOIENT, *& qu'il falloit qu'elle fut parente des Srs Ferrier, & par-là interessée pour ne point dire la même chose*; ce même TÉmoin dans sa répétion raportée page 106. du Factum de l'ACCUSÉ dit : *Que par la maniere dont Mr Gomé interrogeoit la Deposante, & de ce qu'il vouloit* L'ENGAGER *à convenir desdits faits, elle a jugé & conclu qu'il regnoit* EN MR GOME' DE LA MAUVAISE FOY, ET QU'IL N'AGISSOIT PAS DROIT.

Comme plusieurs Témoins dans la répétition ordonnée par l'Arrêt du 9. Juillet 1729. ont déposé sur des circonstances, qui ne font point portées dans les dépositions par eux faites en l'Enquête sur faits justificatifs du mois d'Octobre 1723. l'Accusé se récrie contre ce surcroît de charges, il prétend que cette ampliation de preuves devient elle même une preuve de subornation ou de suggestion pratiquée depuis l'Enquête sur faits justificatifs.

** Refutation generale des Objections faites par l'Accusé sur les charges résultantes de la repetition des Temoins.*

* Peut-être l'objection paroitroit-elle aparente en quelques sens si on perdoit de vûe l'ordre des Procédures. Les Témoins qui composent l'Enquête du mois d'Octobre 1723. n'ont été oüis que sur les faits justificatifs retenus par l'Arrêt du 22. Septembre précédent, ils ont été oüis en conformité de cette disposition de l'article II. du titre XXVIII. de l'Ordonnance de 1670. *l'Accusé ne sera point reçu à faire preuves d'aucuns faits justificatifs que de ceux qui auront été choisis par les Juges.*

Les faits choisis par le Conseil d'Alsace, & retenus dans son Arrêt étoient trés-concis, & il n'est pas étonnant que la lecture de cet Arrêt n'ait point porté les Témoins à parler sur quantité de faits qui n'étoient détaillés & circonstanciés que dans les Requêtes du Plaignant, & sur lesquels il n'étoit pas permis de les entendre.

Mais le chef du Procés dont il s'agissoit pour lors ayant été jugé, le Conseil Souverain d'Alsace en ordonnant ensuite qu'il seroit informé des faits énoncés és Requêtes du Plaignant, & que les Témoins oüis en l'Enquête sur faits justificatifs seroient *repetés en leurs depositions*, il a ajoûté cette disposition remarquable : *& pourront être entendus sur les autres faits dont est plainte.*

La lecture de tous ces faits circonstanciés & exactement détaillés dans les Requêtes du Plaignant sur la partialité, subornation & autres faits a rapellé dans l'esprit des TÉmoins sur ces faits les circonstances qui étoient de leur connoissance, & lesquelles ils n'auroient pas moins expliqué dans l'Enquête sur faits justificatifs, si pour lors on leur en avoit fourni l'occasion, qui ne s'est dans la suite presentée qu'au tems de la répétition.

Le Conseil Souverain d'Alsace a prévû & a jugé que la lecture des Requêtes de plainte pouvoit plus disertement diriger les dépositions des TÉmoins, que n'avoit pû faire la simple lecture des faits justificatifs, l'objection de l'Accusé n'est donc pas moins détruite par l'autorité de la chose jugée, que par la raison & consideration naturelles des differentes circonstances dans lesquelles & sur lesquelles les TÉmoins ont été oüis.

Quant aux ratures, corrections & additions qui se trouvent dans les minutes des Enquêtes faites par l'Accusé en qualité de Commissaire, l'article 20. de l'interrogatoire qu'il a prêté porte qu'il a reconnu les additions, corrections & ratures qui lui ont été representées, & du nombre desquelles font celles dont il est fait mention dans les quatre dépositions que l'on vient de transcrire. Interrogé pourquoi ces differens changemens ont été faits, il répond fort sérieusement : ** Que rien ne prouve mieux la droiture de ses intentions, que les additions & ratures dont il s'agit, s'étant cru obligé* EN HONNEUR

** Reponse é- lusoire de l'Accusé sur*

HONNEUR ET EN CONSCIENCE DE FAIRE REDIGER LES DIF-
FERENTES EXPLICATIONS *que les Temoins donnoient à leurs depositions
même après avoir deposé.*

* La réponfe n'eft rien moins que pertinente, on n'a jamais prétendu fe
plaindre de ce que l'Accufé s'eft à la fin rendu aux remontrances des rémoins, & loin de trouver mauvais qu'enfuite de leurs inftances réiterées
il a confenti aux ratures & aux additions dont il s'agit, on convient qu'il
n'auroit pas pû leur refufer indéfiniment ce qu'ils lui demandoient fans
commettre une double malverfation.

On s'eft plaint des artifices illégitimes, & des furprifes confommées qui
ont occafionné les plaintes des Témoins, on s'eft plaint de la réfiftance
de l'Accufé, & des moyens de fuggeftion qu'il a employés pour éluder
les changemens fur lefquels les plus fermes des rémoins ont infifté. Le délit a été pleinement confommé dés-le moment que l'Accufé a redigé dans
leurs dépofitions le contraire de ce qu'ils lui avoient dit, *au crime de faux
le feul attentat eft puniffable, la corruption pratiquée, & la follicitation eft
ejufdem farinæ*, dit Bruneau fur les matieres criminelles, *liv. I. tit. II.
maxime II.* le délit confommé étoit d'autant plus grave & plus réel que
felon toute aparence il ne devoit pas être réparé, le refpect dû à un Commiffaire, la confiance en fa probité, les incommodités des Témoins âgés,
la difference de la langue, & la crainte font autant de circonftances trés-
ordinaires & trés-fuffifantes pour afsûrer un rémoin qu'on a de bonne foy
écrit tout ce qu'il a dit pour ne lui faire prêter que legerement l'oreille
& fon aplication aux termes dans lefquels fa dépofition a été rédigée, fi
plufieurs fe font aperçû de la furprife, ils n'en n'ont été redevables qu'à
l'affectation trop peu ménagée de l'Accufé.

Ceux qui fe font aperçû de ces furprifes ont effuyé de nouvelles difficultés de fa part, il leur a tendu un nouveau piége trés-féverement deffen-
du par les Ordonnances & par les Loix, & dont les conféquences tendent directement à la fubornation. * *Pourquoi ne voulés-vous pas convenir
de ce fait, les autres Temoins qui ont été oüis avant vous, & qui font
moins âgés que vous en font convenus, &c.* tel eft le langage affreux que
l'Accufé a tenu aux rémoins pour leur perfuader qu'il étoit inutil ou fu-
perflus de faire dans leurs dépofitions les changemens qu'ils demandoient
avec de grandes inftances, comme il s'eft emporté à ce genre de fubornation envers plufieurs autres Témoins dont les dépofitions feront ci-après
tranfcrites; pour prévenir toute occafion de répétition on croit devoir obfer-
ver ici que telles revélations font toûjours criminelles, & elles le font encore infiniment plus lorfqu'elles font faites par un Commiffaire, parce que
c'eft un moyen de fubornation & de fuggeftion.

Cela eft fi certain que c'eft pour éviter les inconveniens de cette nature
qu'il eft ordonné d'entendre les rémoins fecretement & féparément, le motif de cette précaution & formalité eft felon tous les Praticiens: *afin que
les Temoins n'ayant pas occafion de regler leurs depofitions fur celles des autres, ils ne portent leurs temoignages que fuivant leur propre connoiffance.*
toute revélation prématurée eft criminelle : *quia teftis meticulofus, vel etiam
tertius facilè ita refpondebit proùt alios teftes refpondiffe audit:* L'Accufé n'a
pas pû difconvenir de cette maxime dans fa réponfe au 18. interrogat qu
lui a été fait.

Article 18. de l'Interrogatoire du 22. Janvier 1732. *Interrogé fi pour engager les Temoins à depofer contre la Famille du Sr Ferrier il ne leur a pas
dit: les Temoins qui ont deja été entendus font moins âgés que vous, ils ont
cependant depofé que la Mere du Sr Ferrier Fils avoit monté fur le Theatre,
pourquoi n'en voulés-vous pas faire de même. Repond qu'il n'a jamais tenu
de pareils difcours aux Temoins,* ET QU'IL EN EST INCAPABLE.

Cependant chargé par quantité de rémoins de ce genre de fubornation,
qu'il reconnoît pour criminel & dont il dit ESTRE *incapable*, il fe contente

dans fon Factum de dire que le fait eft faux, & fur le faux principe de cette fauffeté dont il eft lui feul le garant, il conclut conféquemment que ces Témoins ont été fubornés, parce qu'autrement ils ne fe feroient pas portés à dépofer cette fauffeté.

Antoine Degez Sergent de Ville 46. Témoin de l'Enquête du mois d'Octobre 1723. Dépofe : *Qu'ayant comparu pour depofer en l'Enquête qui a été faite au mois d'Octobre 1720. il ne fe fouvient pas fi Mr Gomé lui a fait faire lecture de quelque Arrêt, mais qu'il fe fouvient bien d'avoir été interrogé fur les mêmes faits portés en celui du 11. Septembre precedent que nous lui avons reprefenté, qu'il repondit que lorfque les Dubillaud joüoient en cette Ville, où le Depofant les avoit vû, ils étoient ENCORE GARÇONS, c'eft-à-dire, POINT MARIE'S, que Mr Gomé n'infera point cette derniere circonftance dans fa depofition, quoique le Depofant l'eût dite COMME ESSENTIELLE POUR SERVIR DE REPONSE A L'INTERROGAT fur le troifiéme fait, qu'il s'aperçût que Mr Gomé étoit plus porté pour le Sr de Reinach que pour le Sr Ferrier, que le Depofant en jugea ainfi, parce que pour defigner la Dame Ferrier il l'apelloit parlant au Depofant GROSSE TRUYE, * & qu'il lui difoit qu'aparemment il ne vouloit pas dire la verité, & qu'il devoit avoir vû CETTE GROSSE TRUYE fur le Theatre, puifque les autres Temoins LE DISOIENT AINSI, & que Mr Gomé INSISTA LONG-TEMS à le faire convenir dudit fait, à quoi le Depofant repondit que cela ne fe pouvoit pas, puifque les Dubillaud n'étoient point mariés lorfqu'ils joüoient en cette Ville. Que plufieurs des Temoins oüis en la fufdite Enquête fe font plaint les uns aux autres & fe plaignoient même HAUTEMENT DE LA CONDUITE de Mr Gomé, & de ce qu'il avoit voulu les obliger à dire au defavantage du Sr Ferrier ce qu'ils ne fçavoient pas, & qu'il n'y avoit pas moyen de depofer ainfi DEVANT UN TEL COMMISSAIRE.*

Claude Barret Maire des Seigneurs d'Efferts demeurant à Bavilliers 43. Témoin de l'Enquête du mois d'Octobre 1723. Dépofe : *Qu'ayant comparu pour depofer en l'Enquête faite au mois d'Octobre 1720. il ne fe fouvient point fi Mr Gomé lui fit lecture ou non de quelque Arrêt, mais qu'il fe fouvient qu'il l'interrogea fur les mêmes faits portés par l'Arrêt du 11. Septembre precedent que nous lui avons reprefenté, & qu'ayant repondu qu'étant forti fort jeune du Pays, & n'y étant rentré que depuis trente ans il n'avoit aucune connoiffance defdits faits, fur quoi Mr Gomé lui dit qu'il étoit aparemment parent ou ami, ou interreffé pour le Sr Ferrier, puifqu'il ne vouloit pas dire la verité, ET SE FACHA ENSUITE contre le Depofant, qui jufqu'à ce point n'avoit pas encore prêté ferment, il lui dit que puifqu'il ne vouloit pas parler il le feroit aller AU DIABLE* (ce furent les termes de Mr Gomé) & qu'il eût à prêter ferment ce que le Depofant fit, & ayant été DE NOUVEAU INTERROGE' fur lefdits faits & ayant repondu qu'il n'en n'avoit aucune connoiffance, qu'il avoit feulement oüi dire que le Sr Ferrier Pere avoit été employé chés Mr de St Juft, qu'on ne lui avoit pas dit en quelle qualité Mr Gomé dit au Depofant QU'IL SEROIT PAYE' COMME IL DEPOSOIT * que le nommé Prevoft Maire de Bavilliers qui avoit deja été oüi AVOIT BIEN DEPOSE', & que pour cela IL AVOIT ETE' BIEN PAYE', & puifque le Depofant ne vouloit pas faire de même, qu'il n'auroit QUE DIX SOLS, à quoy le Depofant repondit que ce feroit comme il voudroit, que pour lui il ne vouloit point depofer POUR DE L'ARGENT CHOSES QU'IL NE SÇAVOIT PAS, que pendant tout le tems de fa depofition Mr Gomé temoigna beaucoup DE FACHERIE contre le Depofant, par où il eut lieu de remarquer qu'il auroit defiré LUI FAIRE DIRE CHOSES qu'il ne fçavoit pas.*

Claudine Cattin femme de Marin Monpoix Marchand de Belfort 48. Témoin de l'Enquête du mois d'Octobre 1723. Dépofe : *Qu'ayant comparu pardevant Mr Gomé AU JARDIN de Mr Noblat Prevôt de cette Ville au mois*

* *Emportement indecent de l'Accufé dans fes fonctions.*

* *Autre emportement de l'Accufé.*

* *Propofition affreufe*

d'Octobre 1720. *pour depofer en l'Enquête qu'il faifoit, Mr Gomé lui fit lec-*
ture de l'Arrêt du 11. *Septembre precedent que nous lui avons reprefenté &*
qu'ayant REPONDU *qu'elle n'avoit point vû la Dame Ferrier fur le Theatre des*
Srs Dubillaud, *lorfqu'ils joüoient en cette Ville, Mr Gomé* LUI FIT INS-
TANCE *fur cette reponfe de ce que la Depofante ne vouloit pas convenir defdits*
faits, QUE CEPENDANT D'AUTRES TE'MOINS DISOIENT LES AVOIR VU, *que*
même l'un d'eux avoit depofé que le Sr Ferrier Pere avoit reproché à fa Fem-
me de ce qu'elle avoit été Charlatane, ET QUE PUISQUE LA DE'POSANTE A-
VOIT DEMEURE' *dans la même maifon que le Sieur & la Dame Ferrier, elle*
devoit fçavoir le même fait, à quoi elle repondit qu'elle ne le fçavoit point,
& qu'elle ne croyoit pas même que ce fait fut veritable & que la Depofan-
te s'aperçût par cette conduite de Mr Gomé, & par LES INSTANCES QU'IL
LUI FAISOIT *qu'il cherchoit à lui faire dire au defavantage du Sr Ferrier*
ce qu'elle ne fçavoit point, l'ayant preffé plufieurs fois. Ce même TÉMOIN
dans la répétition raportée *page* 108. & 109. du Factum de l'Accufé dit :
QU'ELLE A JUGE' PAR LES INSTANCES *que Mr Gomé lui faifoit de la faire*
convenir que la Dame Ferrier avoit monté fur le Theatre, qu'il avoit de la
MAUVAISE VOLONTE' *que même la Depofante le lui dit, & qu'elle* E'TOIT
EN COLERE *contre Mr Gomé.* –

Marie Urfule Movilleffaux veuve du Sieur Gobert 27. TÉMOIN de l'Enquête du mois d'Octobre 1723. Dépofe : *Qu'elle a été oüie en l'Enquête*
du mois d'Octobre 1720. *que Mr Gomé lui fit faire lecture de l'Arrêt du* 22.
Septembre precedent que nous lui avons reprefenté, qu'à l'égard de la Da-
me Ferrier elle avoit dit qu'elle n'étoit point encore mariée avec Dubillaud
lorfqu'il joüoit en cette Ville : Ce même témoin dans fa répétition raportée *page* 104. du Factum de l'Accufé. Dépofe : *Que Mr Gomé enquit la*
Depofante SI ELLE N'AVOIT POINT VU LES DUBILLAUD *fur le Theatre,*
qu'elle repondit qu'oüi & qu'elle dit à Mr Gomé que LES DUBILLAUD N'A-
VOIENT AUCUN RAPORT *avec Ferrier, que fur cela Mr Gomé lui repliqua*
que c'étoit un B. de fol qui étoit caufé de ce Procès.

Le Sieur Dufaux Confeiller de Ville 24. Témoin de l'Enquête du mois
d'Octobre 1723. Dépofe : *Qu'il a été oüi en l'Enquête du mois d'Octobre*
1720. *qu'alors Mr Gomé lui fit donner lecture de l'Arrêt du* 11. *Septembre*
precedent, que nous lui avons reprefenté, qu'il repondit que la Dame Ferrier
n'avoit point monté fur le Theatre; n'ayant époufé Dubillaud fon premier ma-
ry qu'aprés que ledit Dubillaud eût quitté la Profeffion de Charlatan, que le
Depofant a dit toutes ces circonftances à Mr Gomé, lequel ne jugea pas à
propos DE LES FAIRE RE'DIGER *toutes par écrit, quoique le Depofant* LE DE-
SIRAT, *qu'il a bien reconnu qu'il y avoit* AIGREUR ET PASSION EN Mr Go-
ME' *contre le Sieur Ferrier Fils par les termes & manieres brufques dont Mr*
Gomé ufoit envers le Depofant, voulant lui faire dire autrement QU'IL NE
SÇAVOIT, ET L'INTERROMPANT *lorfque le Depofant difoit quelque circonftan-*
ce qui paroiffoit DETRUIRE LES FAITS POSE'S *par le Sr de Reinach, que la*
plûpart des Témoins ont VU ET PENSE' LA MESME CHOSE, *& s'en font plaint.*

Elizabeth Chardoüillet Femme de Jofeph Bellot le vieil 19. Témoin de
l'Enquête du mois d'Octobre 1723. Dépofe *Qu'ayant comparu au*
mois de Fevrier 1721. *en l'Hôtel de Ville de Belfort pour être oüie en l'En-*
quête qui étoit faite par Mr Gomé il lui donna lecture des faits portés par
l'Arrêt du 11. *Septembre precedent aufquels elle repondit &c. Que fur le troi-*
fieme fait concernant la Dame Ferrier elle avoit repondu qu'elle n'avoit ja-
mais monté fur le Theatre à Belfort, & qu'elle N'ESTOIT POINT MARIEE'
LORSQUE DUBILLAUD Y JOUOIT : (*aprés avoir rendu compte des circonf-*
tances fuprimées par l'Accufé fur les faits concernans le Sieur Ferrier Pere
& qui feront ci-aprés raportées elle continuë ainfi) qu'elle n'a pas été la
feule QUI EUT LIEU DE SE PLAINDRE *de ce que Mr Gomé n'avoit point voulu*
FAIRE REDIGER PAR E'CRIT *ce qu'elle dépofoit, que la nommée Elizabeth*
Giboutet s'en eft plainte pareillement en prefence de la Depofante parlant à

Mr Ferrier Fils auquel elle dit, qu'elle ne pouvoit rien dire parce que Mr Gomé ne vouloit pas écrire ce qu'elle difoit.

Le Sieur Jean-Claude Cuënin Directeur de l'Hôpital du Roy 22. témoin de l'Enquête du mois d'Octobre 1723. Dépofe : *Qu'il a été oüi comme Temoin dans les deux Enquêtes faites par Mr Gomé lequel lui donna lecture des faits portés par l'Arrét du 11. Septembre precedent que nous lui avons reprefenté, que le Depofant* CRUT CONNOITR' QUELQUE PARTIALITE', *en lui par la maniere* DONT IL L'INTERROGEOIT *fur lefdits faits en lui demandant s'il n'avoit point vû la belle Colombine fur le Theatre, & par la maniere* DONT MR GOME' RE'RONDIT *au Depofant lorfqu'il eû fatisfait aufdits Interrogats, Mr Gomé lui difant,* VOUS NE VOULE'S PAS DIRE CE QUE JE VOUS DEMANDE, MAIS D'AUTRES LE DIRONT * CAR JE SÇAIS QU'IL Y EN A QUI LE SÇAVENT, *à quoi le Depofant repliqua que qui que ce foit ne pouvoit dire* SANS FAIRE TORT A SA CONSCIENCE *qu'il eût vû la Dame Ferrier fur le Theatre : que feu le Sr Morandon fon Gendre lui dit un jour qui étoit vers le tems de la premiere Enquête, que Mr Gomé avoit dit audit Morandon & à d'autres Perfonnes que le Sr Ferrier Fils* NE SEROIT JAMAIS REÇU *en la Charge de Confeiller au Confeil, qu'il venoit d'acheter & ajoûta ledit Morandon qu'il avoit même difputé avec Mr Gomé là-deffus, ajoûte que plufieurs Témoins qui ont depofé dans les deux Enquêtes ont dit au Depofant qu'ils s'étoient bien aperçû que Mr Gomé* N'ESTOIT PAS BIEN INTENTIONNE' *pour les Sieurs Ferrier.*

Ce même témoin oüi en 1729. fur les faits qui font circonftanciés dans les Requêtes du plaignant dépofe dans la répétition raportée *page* 105. du Factum de l'Accufé : *Que lorfqu'il a depofé en l'Enquête du mois d'Octobre 1720. Mr Gomé infera quelques termes en fa depofition qu'il ne lui a point dit & dont il ne fe reffouvient point, termes qui portoient coup contre ledit Ferrier; que le Depofant les ayant remarqué ayant pris lecture de fa depofition, il ne voulut la figner fans qu'en prealable ces termes ne fuffent rayés à fa depofition & que pour parvenir à cette rature Mr Gomé & lui en vinrent* A DE GROS MOTS, *que même fur le refus de Mr Gomé le Depofant étoit prêt de fortir de l'Auditoire fans figner fa depofition, que fur le refus de Mr Gomé le Greffier jetta même fa plume,* ET HAUSSA LES EPAULES *qu'un moment aprés cette rature fe fit & le Depofant* SI-GNA SA DEPOSITION.

L'Accufé fe récrie contre cette dépofition il prétend démontrer la fauffeté, voici comme il s'explique *page* 106. de fon Factum : *Qui ne croiroi à voir cette ajoûtance qu'il y a une rature dans l'une ou l'autre des depofitions portées par Cuënin devant Mr Gomé ; cependant il n'y en n'a aucune, les depofitions font fans aucune rature ni ajoûtance, ce Temoin eft donc* UN INSIGNE FAUSSAIRE *&c.* & il continuë enfuite fes exclamations contre la foi du témoin.

Ce paffage du Factum prouve que l'Accufé étoit trés préparé à confondre le témoin au tems de la confrontation, qui ne croiroit auffi à voir ce paffage que l'Accufé a profité d'une occafion fi belle, & d'un moyen fi folide pour réfuter la dépofition? cependant il n'y a aucune interpellation faite au témoin fur la prétenduë preuve éclatante de la fauffeté de fa depofition. *

Il a cherché à embarraffer tous les autres témoins par fes interpellations; pourquoi eft-il donc demeuré dans le filence à l'égard de celui-ci feulement? parce que fe reffouvenant parfaitement de la façon dont les chofes fe font paffées, il n'a pas voulu en rapeller la mémoire au témoin, ni lui fournir l'occafion de donner un éclairciffement fur cette circonftance importante.

Il faut fupléer à l'explication que l'Accufé a eû foin d'éluder, on pourroit néanmoins fe contenter de dire, qu'il n'eft pas poffible de préfumer qu'une Partie foit affés imbécile pour engager un témoin à porter un témoignage

moignage dont la fauſſeté pourroit être miſe en évidence ſur la ſimple inſ-
pection d'une piéce fondamentale du Procés, & encore moins pourroit-on
concevoir qu'un Témoin le plus corrompu fut aſſés mal aviſé pour affir-
mer un fait de la fauſſeté duquel il ſçauroit pouvoir être convaincu par
la piéce même dont l'examen devient néceſſaire en conſequence de ſa propre dépoſition.

Cette conſideration ſuffiroit ſeule pour démontrer qu'il n'eſt pas poſſible
de préſumer aucune mauvaiſe intention dans le fait du Témoin, le ſilence
de l'Accuſé oblige le Plaignant de répondre à l'article de ſon Factum par
des conjectures naturelles ſur des faits qui auroient pû être mieux éclair-
cis entre le Témoin & l'Accuſé, le Plaignant ſe propoſe ſeulement ici de
prouver que le changement que le Témoin dit avoir été fait dans l'une
ou l'autre de ſes dépoſitions peut trés-parfaitement être concilié avec l'état
où ſe trouvent les minutes.

Le Témoin en diſant que ſa dépoſition a été corrigée par une rature
dit ſimplement qu'il a enſuite ſigné ſa dépoſition ; mais il ne dit pas *avoir
ſigné ou aprouvé la rature*, d'où il ſuit que ce que ce Particulier apelle
rature n'eſt rien moins que ce que les Praticiens apellent une rature ſu-
jette auſſi bien à la ſignature & aprobation du Témoin qu'à celles du Commiſſaire & du Greffier, ce n'eſt donc pas ſur le deffaut aparent de cette rature & aprobation formelles qu'il faut établir la prétenduë fauſſeté de cette
dépoſition qui au contraire préſupoſe clairement que cela n'a pas été fait.

Ce n'eſt donc que d'un changement fait dans la dépoſition que le Témoin
a voulu parler, ſa façon de s'énoncer fait évanoüir tout ſoupçon de fauſſeté, parce que quoiqu'il n'y ait pas de veſtiges de rature conſiderable, il
ſuffit qu'il ait pû y avoir quelque changement fait, ou artificieuſement ſu-
poſé fait par l'Accuſé, ce changement vrai ou ſimulé peut avoir été fait
en beaucoup de manieres. 1°. La dépoſition du Témoin dans l'Enquête du
mois de Fevrier 1721. eſt rédigée en partie ſur une feüille qui contenoit déja
d'autres dépoſitions & qui conſequemment faiſoit déja partie du cahier de
la minute ; mais cette même dépoſition eſt continuée ſur une feüille qui
juſqu'alors étoit encore libre, & qui pouvoit être changée ſans conſequence, n'a-t'il pas pû ſe faire que pour éviter la difformité d'un changement trop
aparent & ſuſpect l'Accuſé ait pour une ſeconde fois fait écrire cette derniere partie de dépoſition ſur une feüille nouvelle qui pouvoit ſans conſequence remplacer la feüille libre qui n'avoit été qu'entâmée ? * ne ſeroit-ce
point ce qui auroit occaſionné le dépit du Greffier qui quitta la plume en
hauſſant les épaules ? ce Greffier par précaution n'aura-t'il pas biffé l'écriture de cette premiere feüille libre & ne ſeroit-ce pas ſur ce fondement
que le Témoin a dit neuf années aprés que ſa dépoſition avoit été ra-
turée. 2°. Le Greffier ayant quitté la plume il n'eſt pas impoſſible que
l'Accuſé l'ait pris lui-même & que d'une main dont les traits paroiſſent
moins hardis, que ne ſont ceux du reſte de la minute il ait fait la petite
rature qui ſe trouve dans cette dépoſition * rature, qui quoiqu'indifferente peut avoir paſſé dans l'eſprit du Témoin pour être celle qu'il avoit de-
mandée, car enfin pouvoit-il retourner deux fois à la charge contre un Su-
perieur irrité & donner une ſeconde fois des marques ouvertes d'une défiance qui pouvoit être apaiſée par une démonſtration pareille à celle de
la rature feinte. 3°. Le caractére du Greffier prouve qu'il étoit bon Ecri-
vain, l'Enquête eſt écrite en grand papier de Baſle, duquel une écriture
toute fraîche peut dans l'inſtant être emportée par le ratiſſoir, & l'éxfo-
liation ſûrement réparée par le ſanderac, ce qui ſe pratique tous les jours
dans les grands Bureaux, on peut en place des mots raturés avoir ſubſtitué ceux qui convenoient au Témoin ; toutes ces façons ſe raportent à cette
circonſtance : *Que le Témoin n'a ſigné ni aprouvé aucune rature.* . . . 4°. Où
enfin le Témoin peut avoir été trompé d'une autre façon, mais on ne s'i-
maginera jamais que le plus méchant de tous les hommes ſoit aſſés mal
aviſé pour dépoſer ſciemment faux dans une pareille occaſion, on doit d'au-

* *Cette conjecture eſt d'autant plus probable que tout ce qui eſt écrit ſur la feüille qui peut avoir eté changée, eſt en tous ſes points favorables au Plaignant.*

* *Veſtige de rature.*

tant plus favorablement penſer pour celui-ci, que c'eſt un homme âgé, Pere de famille, trés-conſideré & trés-aiſé du côté de la fortune & que l'Accuſé lors de la confrontation a craint tout éclairciſſement ſur la prétenduë fauſſeté, lui qui a harcelé tous les autres Témoins ſur des minuties.

Preuve des progrés de l'Accuſé dans ſes ſurpriſes envers ceux d'entre les Témoins qui étoient les moins éclairés.

ON a vû que le Greffier dit ſur la fin de ſa dépoſition : *Qu'il lui a viſiblement parû que Mr Gomè ètoit entierement porté pour Mr de Reinach & qu'il tâchoit de le favoriſer par la maniere dont il parloit aux Témoins & dont il diētoit leur depoſition omettant les circonſtances qui tendoient à détruire les faits poſés par le Sieur de Reinach & inſerant les reponſes des Témoins par des phraſes & des ſens entrecoupés, qui tendoient à établir ces mêmes faits* SUIVANT QUE LES TE'MOINS LUI EN DONNOIENT PLUS OU MOINS D'OCCASION.

Ce plus ou moins d'occaſion dont parle le Greffier ne peut s'apliquer qu'au plus ou moins de pénétration des differens Témoins & au plus ou moins de fermeté que chacun d'eux a eû dans une occaſion, où il n'étoit pas aiſé de s'apercevoir des piéges dont peut-être aucun de ceux dont on a déja raporté les dépoſitions ne ſe ſeroit aperçû, ſi l'Accuſé n'avoit pas inſpiré de la défiance dans le Public ſur ſa probité & s'il avoit daigné couvrir ſa partialité avec un peu plus de ménagement.

Les Témoins dans les dépoſitions que l'on va raporter répétent les termes des réponſes qu'ils diſent avoir faites aux Interrogats de l'Accuſé dans le tems qu'ils ont paru devant lui, ces réponſes juſtifient qu'aucun d'eux n'a dépoſé affirmativement ſur les faits avancés par Mr de Reinach, d'où il ſuit que ſi les dépoſitions de ces mêmes Témoins rédigées dans l'Enquête faite par l'Accuſé contiennent ſur les faits avancés contre la Mere du Plaignant une preuve rélative & dépendante des faits qui touchoient perſonnellement les Dubillaud, cela n'eſt arrivé que parce que contre l'eſprit de l'Arrêt interlocutoire l'Accuſé y a mêlé l'Hiſtoire des Dubillaud & parce que par des ſens & des phraſes entrecoupées il y a lié les réponſes des Témoins touchant la Mere du Plaignant, leſquelles toutes négatives qu'elles fuſſent dans l'eſprit des Témoins devenoient trés-affirmatives par une rélation & dépendance artificieuſe.

* Texte des Depoſitions. *Joſeph Bellot le vieil Bourgeois de Belfort 12. Témoin de l'Enquête du mois d'Octobre 1723. Dépoſe : *Qu'ayant comparu au mois d'Octobre 1720. devant Mr Gomé pour dépoſer en l'Enquête qui devoit être faite Mr Gomé lui donna leēture des faits inſerés en l'Arrêt du 11. Septembre precedent que nous lui avons repreſenté, que ſur le troiſieme fait concernant la Dame Ferrier, qui etoit veuve de Dubillaud lorſque le Sr Ferrier l'avoit epouſée, le Dépoſant avoit repondu que ledit Dubillaud ne l'avoit epouſé qu'aprés avoir quitté Belfort, ledit Dubillaud n'ayant plus joüé audit Belfort depuis ce tems là, & que par* LES INTERROGATS *que Mr Gomé faiſoit au Dépoſant il ſembloit qu'il auroit voulu lui faire dire des choſes au deſavantage de la Famille dudit Ferrier, que le Depoſant ne ſçavoit point.*

Jacques Guillemin Menuiſier à Belfort 25. Témoin de l'Enquête du mois d'Octobre 1723. Dépoſe : *Qu'il a été oüi dans les Enquêtes faites par Mr Gomé, qu'il lui fit faire leēture de l'Arrêt du 11. Septembre 1720. & qu'on interrogeant le Depoſant Mr Gomé lui demanda plaſieurs fois, &c.* (cette premiere partie ſera raportée dans l'ordre des ſurpriſes pratiquées ſur les faits concernans le Pere du Plaignant) *& que ſur le fait concernant la femme du Sieur Ferrier Pere, le Depoſant avoit repondu qu'il avoit connu Dubillaud & toute ſa Troupe parce qu'il avoit en ſa Profeſſion de Menuiſier dreſſé le Théatre lorſque ledit Dubillaud vint à Belfort, & que dans lad. Troupe il n'y avoit point de Femme, & que ledit Dubillaud n'étoit point marié pour* lors, toutes lefquelles circonftances le Depofant dit dans fa depofition; mais qu'il ne croit pas que Mr Gomé les ait toutes inferées.

* Jean-Pierre Chardoüillet Maître Bourgeois de Belfort 30. Témoin de la même Enquête. Dépofe : *Qu'ayant été oüi en l'Enquête du mois d'Octobre 1720. Mr Gomé lui fit donner lecture de l'Arrêt du 11. Septembre precedent que nous lui avons reprefenté &c. que lui ayant DEMANDE' S'IL AVOIT VU JOUER LES DUBILLAUD fur le Theatre & la Dame Ferrier Femme de l'aîné Dubillaud, le Depofant avoit repondu avoir vû lefdits Dubillaud fur le Theatre à Belfort lefquels n'étoient point encore mariés & que l'aîné n'avoit epoufé la Dame Ferrier qu'à Clerval où elle demeuroit & cela long-tems après être forti de Belfort.*

Marie-Elizabeth le Fevre Femme du Sieur Cuënin 31. Témoin de la même Enquête. Dépofe : *Qu'elle a été oüie en l'Enquête du mois de Fevrier 1721. que Mr Gomé lui fit donner pour lors lecture de l'Arrêt du 11. Septembre precedent, & que fur les faits inferés en icelui, elle répondit que Dubillaud qu'elle a vû joüer fur le Theatre n'étoit point marié lorfqu'il étoit en cette Ville, qu'elle a dit ces circonftances dans fa depofition, mais qu'elle ne fçait pas fi elles ont été redigées par écrit, que quant à elle ELLE NE S'EST POINT APERÇUE que Mr Gomé ait voulu alterer fa depofition, mais qu'elle a oüi dire par quelques Temoins qui avoient depofé, entre autres par la Veuve de Jacques Bellot que Mr Gomé n'avoit pas voulu faire mettre par écrit leurs depofitions en entier, & que lefdits Temoins s'en plaignoient dés-lors publiquement.*

Jean-François Lindem Menuifier à Belfort 34. Témoin de la même Enquête. Dépofe : *Qu'ayant comparu au mois d'Octobre 1720. pour depofer en l'Enquête pardevant Mr Gomé, il l'interrogea fur les mêmes faits qui font portés en l'Arrêt du 11. Septembre precedent que nous lui avons reprefenté, qu'il ne fe reffouvient pas fi on lui en fit lecture ou non, mais qu'il fe reffouvient parfaitement qu'il repondit qu'il avoit vû joüer fouvent Dubillaud fur le Theatre dans le tems qu'il joüoit dans cette Ville, mais qu'il n'avoit jamais vû de Femme fur ledit Theatre, ni par confequent la Dame Ferrier, qu'il ne fçait pas de quelle maniere fa depofition a été redigée par écrit, mais que c'eft ainfi qu'il l'a faire.*

Sabine Echemann Veuve d'Urfanne Cugnotet 35. Témoin de ladite Enquête. Dépofe : *Que lorfqu'elle comparut au mois d'Octobre 1720. pour depofer pardevant Mr Gomé, elle ne fe reffouvient point qu'il lui ait été fait lecture de l'Arrêt du 11. Septembre precedent que nous lui avons reprefenté, mais qu'on l'interrogea feulement fur les faits portés audit Arrêt, & qu'elle repondit &c. (fur les faits concernans le Pere du Plaignant ci-après raportés) & qu'à l'égard de la Dame Ferrier, elle n'avoit jamais monté fur le Theatre à Belfort, & fur l'Interrogat que Mr Gomé lui fit fi lad. Dame n'avoit point monté fur le Theatre ailleurs, la Depofante repondit qu'on pourroit le fçavoir pour le mieux à Montbelliard, qu'elle ne fçait pas fi Mr Gomé a inferé toutes ces circonftances de fa depofition où non.*

Claude Prevôt Maire de Bavilliers 40. Témoin de ladite Enquête de 1723. Dépofe : *Qu'ayant été oüi en l'Enquête du mois d'Octobre 1720. qu'alors Mr Gomé l'interrogea fur les mêmes faits portés par l'Arrêt du 11. Septembre precedent que nous lui avons reprefenté; mais qu'il ne lui fut fait lecture d'aucun Arrêt, qu'il croit s'être aperçû que Mr Gomé cherchoit à lui faire dire qu'il avoit vû la Dame Ferrier monter fur le Theatre ; car ayant repondu plufieurs qu'il ne l'avoit point vû; Mr Gomé infiftoit à chaque fois lui difant que d'autres Temoins difoient pofitivement l'avoir vû, & qu'il devoit auffi dire la verité, à quoi le Depofant perfiftant dans fa premiere reponfe repliqua qu'il avoit oüi dire auffi par des bruits publics mais qui pouvoient être faux, que ladite Dame avoit été fur le Theatre, & fur l'inftance que Mr Gomé lui faifoit de lui dire le nom des Perfonnes de qui il l'avoit oüi, il repondit qu'il ne fçavoit pas leurs noms, que ces difcours pou-*

* Ce Témoin eft different d'un autre du même nom dont parlent les Sieurs Jean Pierre & François Chardoüillet ci-deffus page 22.

voient être des menteries, qu'il ne sçait pas si Mr Gomé a ainsi fait rediger la deposition sur le fait concernant la Dame Ferrier ou non.

Jean-François Donzey 54. Témoin de lad. Enquête du mois d'Octobre 1723. Dépose: *Qu'ayant comparu au Jardin de Mr Noblat au mois d'Octobre 1720. devant Mr Gomé pour deposer en l'Enquête qu'il faisoit. Mr Gomé lui donna lecture de l'Arrét du 11. Septembre precedent, que nous lui avons representé, qu'il ne s'est point* APERÇU *qu'il ait changé aucune circonstance de sa deposition; mais que Mr Gomé étoit plus porté pour Mr de Reinach que pour le Sr Ferrier, ce dont il jugea ainsi, parce qu'avant que d'être oüi Mr Gomé se promenant dans le Jardin avoit questionné le Deposant sur lesdits faits, & que par la maniere dont il l'interrogeoit il temoignoit qu'il auroit desiré, que le Deposant fût convenu des faits posés par le Sieur de Reinach.*

Jacques Prongé Marchand de Montbelliard 55. Temoin de ladite Enquête. Dépose: *Qu'ayant été oüi en l'Enquête faite au mois de Fevrier 1721. il ne se souvient point si Mr Gomé lui fit faire lecture de quelques Arréts, mais bien qu'il fût interrogé sur troisiéme fait porté en l'Arrét du 11. Septembre 1720. que nous lui avons representé, & qu'il repondit avoir vû le nommé Dubillaud joüer sur le Theatre à Montbelliard, & qu'il ne s'étoit marié qu'ensuite à la Demoiselle Siroutot, en sorte que depuis son mariage ledit Dubillaud n'avoit point joüé, qu'il ne croit pas que Mr Gomé ait changé ou alteré aucune circonstance de sa deposition.*

Joseph Jeromie du Vernois Bourguemestre de Montbelliard 56. Témoin de ladite Enquête. Dépose: *Qu'ayant comparu pardevant Mr Gomé pour deposer en l'Enquête du mois de Fevrier 1721. il croit autant qu'il s'en souvient qu'il lui fut fait lecture de l'Arrét du 11. Septembre precedent, qu'au moins est-il certain qu'il fut interrogé sur les mêmes faits portés par ledit Arrét, & qu'il repondit n'avoir point de connoissance des deux premiers, & qu'à l'égard du troisieme il avoit connu Dubillaud & l'avoit vû joüer sur le Theatre à Montbelliard, où il vint sortant de Pourrentruy, qu'il fut aprés à Clerval & s'y maria avec la Fille du Sr Siroutot avec laquelle il revint ensuite demeurer audit Montbelliard où il acheta une Maison, & que depuis son mariage ledit Dubillaud n'avoit joüé ni monté sur le Theatre; encore moins sa Femme, que telle que fût sa deposition, que quoiqu'il ait crû remarquer que Mr Gomé fût plus disposé en faveur du Sr de Reinach que du Sr Ferrier, cependant il ne sçait ni ne croit que Mr Gomé ait changé ou omis aucune circonstance de sa deposition.*

Jeanne le Febure Veuve de Théodore Donzieux 69. Témoin de ladite Enquête. Dépose: *Qu'elle a été oüie en l'Enquête faite au mois d'Octobre 1720. que Mr Gomé ne lui fit point faire lecture d'aucun Arrét; mais qu'il l'interrogea sur les mêmes faits portés par l'Arrét du 11. Septembre precedent que nous lui avons representé, qu'elle repondit qu'elle n'avoit aucune memoire d'avoir vû la Troupe des Dubillaud joüer à Belfort, & par* CONSE'QUENT *n'avoit jamais vû la Dame Ferrier sur le Theatre, que telle a été sa deposition, qu'elle ne croit pas que Mr Gomé en ait omis ou changé aucune circonstance.*

Entre les onze Témoins dont on vient de transcrire les depositions, il y en a huit qui avoient été produits par Mr de Reinach en l'Enquête du mois d'Octobre 1720. & enfin de ces onze Témoins il n'y a que Joseph Bellot le vieil, & Jacques Guillemin qui témoignent avoir eu quelque soupçon sur la maniere en laquelle leurs depositions ont été redigées, soupçon qui s'est formé en eux au sujet de la conduite de l'Accusé à leur égard, les autres aprés avoir naïvement rendu compte des réponses negatives par eux faites aux interrogats de l'Accusé disent de bonne foy qu'ils ne se sont point aperçû que Mr Gomé ait voulu suprimer ou alterer aucune circonstance de leurs depositions.

Il faut avoüer ici que si on laissoit les charges resultantes de ces depositions dégagées de tout autre genre de preuve, & de toute autre combi-

naison,

naifon, elles ne paroîtroient point charger l'Accufé ; car dés le moment que les Témoins déclarent qu'ils ne fe font point aperçû d'aucune altération dans leurs dépofitions ; comment en induire qu'il les a alteré ? Il eft aifé de le faire fur la confidération des réponfes négatives qu'ils affirment y avoir faites, & en comparant la fignification de ces termes avec ceux dont l'Accufé s'eft fervi dans l'Enquête du mois d'Octobre 1720. & au moyen defquels il a fi artificieufement donné aux réponfes négatives un fens affirmatif, qu'il paroiffoit que ces mêmes Témoins dépofoient avoir vû la Mere du Plaignant fur le Théatre ; les charges qui réfultent de cette comparaifon & combinaifon de dépofitions font d'autant plus concluantes, que ces Témoins de l'Enquête du mois d'Octobre 1723. fe font expliqués avec une fimplicité qui écarte tout foupçon d'affectation fur la qualité de ces charges, dont il paroît évidemment qu'ils n'ont pas connu la conféquence, parce que précédemment ils ne s'étoient point aperçûs du tour artificieux que l'Accufé avoit donné aux réponfes par eux faites à fes interrogats.

Il faut avant cet examen répondre aux conféquences que l'Accufé tire des dépofitions de neuf autres Témoins de l'Enquête du mois d'Octobre 1723. & qui dépofent : *Qu'ils ont comparu pardevant Mr Gomé pour dépofer en l'Enquête qui fe faifoit au mois d'Octobre 1720. que pour lors ils ne fe font point aperçû que Mr Gomé ait fuprimé ou alteré aucune circonftance de leurs dépofitions, qu'eft tout ce qu'ils ont dit.* Sçavoir tels font les termes des dépofitions du Sr François-Jofeph Obrier, du Sr Antide Movilleffeaux, de Pierre-Antoine Martin dit la Taille, de Pierre-François Antonin, de Jeanne Vallin, de Pauline Pierron, de Jean Claude Bellot, de Jeanne-Marie Menigau, & de Benoît Monnier 13. 16. 17. 21. 23. 37. 38. 50. & 51. Témoins de l'Enquête du mois d'Octobre 1723. *Ces Témoins,* (dit l'Accufé en neuf differens endroits de fon Factum) *mettent en évidence la droiture & la probité de Mr Gomé.*

Il feroit plus vrai de dire que ces neuf Témoins ne le chargent point, ils n'avoient point vû Dubillaud qui étoit mort avant qu'ils euffent été à Belfort ; l'Accufé n'avoit pas trouvé dans leur premiere réponfe matiere à retenir l'Hiftoire de Dubillaud, ni conféquemment d'y mêler aucun fait contre la Mere du Plaignant : ces Témoins dans cette derniere dépofition ne rendant aucun compte des réponfes par eux faites aux Interrogats de l'Accufé ; on ne peut pas plus en induire du côté de la probité que du côté de la furprife, dont plufieurs autres déclarent pareillement ne s'être *point aperçû,* quoique par la comparaifon des contrariétés de leurs différentes dépofitions, il foit évident que l'Accufé les a furpris & trompé.

*Les preuves de ces furprifes font établies dans les minutes des Enquêtes faites par l'Accufé. Dans l'Enquête du mois d'Octobre 1720. il a donné à trente deux dépofitions ce fens artificieux : *Dépofe qu'il fe fouvient parfaitement d'avoir connu Dubillaud l'aîné premier Mari de la Dame Ferrier d'aprefent, qu'il l'a vû joüer publiquement fur le Théatre en cette Ville, qu'il avoit auffi avec lui fon Frere, lequel &c.* (Toutes ces dépofitions finiffent en l'une ou l'autre de ces trois façons) *ne peut fe reffouvenir le Dépofant du nom que l'on donnoit à ladite Dame Dubillaud, pour lors dans les farces qui fe joüoient,* ou : *Ne peut nous dire quel nom on donnoit à ladite Dame Ferrier d'aprefent dans les Rolles qu'elle joüoit publiquement fur ledit Théatre,* ou enfin : *Ne fçait pas quel nom ladite Dame prenoit lorfqu'elle joüoit fes Rolles ;* on a encore eu foin d'ajoûter dans fix de ces dépofitions ces termes: *Ne peut nous dire fi ladite Dame après fon Mariage avec ledit Dubillaud a monté fur le Théatre dans quelqu'autre Ville de la Province ;* tel font les dépofitions des 2. 6. 7. 8. 11. 12. 13. 15. 16. 18. 19. 21. 22. 27. 28. 29. 30. 31. 32. 33. 34. 35. 36. 37. 38. 41. 42. 47. 49. 50. & 51. Témoins de l'Enquête de Mr de Reinach du mois d'Octobre 1720. jointe au Procés.

Il n'eft que trop conftaté que l'Accufé a procédé par interrogats ; il ne refte néanmoins dans ces dépofitions aucun veftige des réponfes faites par

* Preuves réfultantes du propre ouvrage de l'Accufé.

L

les Témoins fur les faits qui touchoient la Mere du Plaignant, & lefquels feuls avoient été choifis par les Juges; on ne trouve dans ces dépofitions que les réponfes des Témoins aux interrogats artificieufement faits par l'Accufé, on fent que lorfque les Témoins ont répondu négativement fur les faits portés & choifis par l'Arrêt, l'Accufé leur a demandé: *S'ils ne fçavoient donc pas le nom que l'on donnoit à la femme de Dubillaud dans les Rolles*, & les Témoins ayant bonnement répondu, *que non*: L'Accufé au lieu de rédiger en termes abfolument négatifs la négation abfoluë des Témoins: il y a réfumé les propres termes de fon interrogat: *Ne fe fouvient pas du nom qu'on donnoit à ladite Dame dans les Rolles qu'elle joüoit publiquement fur ledit Théatre.* Ceux des Témoins qui avoient déclaré n'avoir point vû à Belfort la Mere du Plaignant dans le tems que Dubillaud y avoit paru, ont de nouveau été interrogés, *s'ils ne fçavoient pas que depuis fon Mariage elle avoit joüé en quelqu'autre Ville*, & ayant répondu *que non*; l'Accufé en réfumant encore les propres termes de fon interrogat a inferé dans les réponfes que les Témoins: *Ne fçavent pas fi depuis fon Mariage elle a monté fur le Théatre dans quelqu'autre Ville de la Province:* Cette ignorance des Témoins fur ce qui s'eft fait dans les deux autres Villes où Dubillaud a paru, préfupofe dans ces mêmes Témoins une réponfe affirmative fur ce qui s'eft fait à Belfort, & particulierement que la Mere du Plaignant étoit déja marié avec Dubillaud dans le tems qu'en fortant de Belfort il alla à Pourrentruy, & de là à Montbelliard, & qu'ainfi elle avoit participé à fes égaremens. On a vû que l'Accufé a fait trophée des dépofitions qu'il avoit tournées comme on vient de les réprefenter, & qu'il n'a pas héfité de dire que la preuve étoit complette.

Ces dépofitions rélatives & dépendantes des faits propres à Dubillaud prouvent évidemment que l'Accufé ne s'étoit pas renfermé dans les termes de l'Arrêt interlocutoire; cependant interrogé, *S'il n'a pas fait des queftions aux Témoins fur ce qui concernoit la perfonne de Dubillaud... A répondu que non*, art. 14. de l'Interrogatoire.

Toute infidéle que foit cette réponfe, elle prouve que l'Accufé a reconnu que l'Arrêt interlocutoire ne lui permettoit pas de rechercher la vie de Dubillaud, il a néanmoins fait cette recherche & fans rapeller la dépofition du Greffier ni celle des autres Témoins qui parlent des interrogats; on peut en convaincre l'Accufé par fes propres aveus; car à la fin de la page 79. de fon Factum, il avouë: *Qu'il a demandé aux Témoins s'ils n'avoient pas connu Dubillaud & fon Frere, lequel, &c. qu'il leur a demandé s'ils n'avoient pas vû joüer la Femme de l'aîné fur le Théatre; mais rien ne prouve tant la régularité de la conduite de Mr Gomé (* continuë-t-il page 80. *) que les demandes qu'il formoit aux Témoins fur tous ces faits, parce qu'il n'y en n'avoit point* QUI NE FUT RETENU PAR L'ARREST *qui interloquoit les Parties, & qui tous tendoient à l'éclairciffement de la verité:* Le Greffier n'étoit donc pas un fauffaire, lorfqu'il a dépofé que l'Accufé au lieu de faire donner lecture de l'Arrêt aux Témoins, il les interrogeoit fur le fait des Dubillaud; l'Accufé qui en convient aujourd'hui ne peut s'en excufer qu'en fupofant contre verité que ces faits étoient retenus par l'Arrêt: Article 12. de l'interrogatoire fubi par l'Accufé: *Interrogé pourquoi il a mêlé dans l'Enquête qu'il a faite pour le Sr Comte de Reinach des faits qui concernoient Dubillaud premier Mari de la Dame Ferrier, puifque l'Arrêt de l'éxécution duquel il s'agiffoit, avoit* REBUTE' *ces faits, quoique le Sr Comte de Reinach les eût pofé dans la plaidoirie. A répondu, que fi dans l'Enquête du Sr Comte de Reinach, il a fait mention de Dubillaud, ç'a été pour tranfcrire avec plus d'exactitude les dépofitions des Témoins, & par* LA LIAISON *naturelle d'une* PROFESSION COMMUNE *entre le Mari & & la Femme.*

Mais fi l'Accufé n'a retenu les faits rebutés par l'Arrêt interlocutoire qu'à caufe de la liaifon naturelle d'une profeffion commune entre le Mari & la Femme; pourquoi a-t-il refufé d'inferer *que Dubillaud étoit encore garçon dans le tems de fon libertinage?* Vingt Témoins atteftent lui avoir dit cette circonſtance ; l'Accuſé pour répondre à chacune de ces dépoſitions dit en vingt endroits de ſon Factum : *Il étoit inutile d'écrire que la Meré de Ferrier n'étoit pas pour lors mariée avec Dubillaud, parce qu'il s'agiſſoit ſeulement au Procés de ſçavoir ſi elle avoit monté ſur le Theatre.*

Il eſt trés vrai qu'il ne s'agiſſoit que de cela aux termes de l'Arrêt interlocutoire ; mais dés le moment que l'Accuſé a crû pouvoir ſe permettre de raporter la prétenduë profeſſion de Dubillaud ſur ce fondement qu'elle étoit devenuë commune avec la Mere du Plaignant au moyen de ſon Mariage, il eſt hors de doute qu'il n'a pas pû de bonne foy regarder comme indifferente l'époque du mariage, parce que dans le principe artificieux du ſyſtéme qu'il s'étoit formé pour l'exécution de l'Arrêt, l'époque de ce mariage devenoit eſſentielle, & devoit ſervir de baſe & de fondement à la prétenduë communion de profeſſion, c'eſt néanmoins ſur la preuve de ce prétendu fondement, que l'Accuſé a laiſſé dans la dépoſition un vuide affreux, en y ſuprimant ce que les Témoins lui diſoient ſur l'époque de ce mariage.

Indépendemment de ce qu'ont dit les Témoins dans leurs dernieres dépoſitions, il réſulte de l'ouvrage même de l'Accuſé qu'il a ſuprimé cet éclairciſſement ; pour en être pleinement perſuadé il n'y a qu'à ſupoſer que les Témoins ſans avoir été interrogés ayent de leur propre mouvement parlé de Dubillaud ſans faire mention du tems de ſon mariage, l'Accuſé dit ne s'être déterminé à retenir les faits qui touchoient perſonnellement Dubillaud qu'à cauſe *de la liaiſon naturelle d'une profeſſion commune entre le Mari & la Femme*, il n'auroit pas pû ſe déterminer à retenir ces faits, ſans avoir préalablement aprofondi la raiſon pour laquelle ils devoient être communs à la Mere du Plaignant, néanmoins dans les trente - deux Depoſitions que l'on vient de repreſenter il n'y en n'a pas une ſeule qui contienne cette explication ſur l'époque du mariage ; ou du moins où il ſoit dit préciſement que la Mere du Plaignant étoit où n'étoit pas mariée avec Dubillaud dans le tems du deſordre de ce dernier, ce vuide d'explication néceſſaire dans le Syſtême de l'Accuſé prouve qu'il l'a lui-même ſuprimée pour établir rélativement le fait avancé contre l'honneur de la Mere du Plaignant, il n'a jamais pû ſe juſtifier des conſéquences de ce vuide.

* Article 17. de l'Interrogatoire ſubi par l'Accuſé : *Interrogé pourquoi, lorſque l'Arrêt interlocutoire duquel il s'agiſſoit, avoit ſeulement déterminé le fait que la Mere du Sr Ferrier avoit été Charlatanne ; il demandoit* QUEL NOM ELLE PORTOIT *ſur le Théatre, en diſant même à quelqu'uns, vous devés auſſi bien que les autres avoir vû cette groſſe Truye ſur le Theatre... Répond que lorſqu'il a demandé aux Témoins, quel nom la Mere du Sieur Ferrier portoit ſur le Theatre ç'a été aprés qu'il ſe ſont expliqué ſur la circonſtance qu'elle avoit réellement* MONTE' SUR LE THEATRE, *inſiant d'avoir parlé aux Témoins de la Mere du Sr Ferrier en leur diſant, n'avés-vous pas vû cette groſſe Truye ſur le Theatre.*

Le ſens de cette réponſe contient de la part de l'Accuſé un aveu qu'il ne pouvoit inſerer ces termes : *ne ſe ſouvient du nom que l'on donnoit à ladite Dame dans les rolles qu'elle joüoit ſur ledit Theatre :* qu'autant que les Témoins ſe feroient au préalable expliqué ſur la circonſtance qu'elle avoit réellement monté ſur le Théatre, d'où il ſuit qu'il a malverſé en rédigeant toutes & chacunes dépoſitions, qui ne contiennent aucune explication des Témoins ſur les faits perſonnellement avancés contre la Mere du Plaignant & dans leſquelles il à néanmoins inſeré ces termes qui de ſon aveu ſupoſoient conſéquemment & rélativement que la Mere du Plaignant avoit monté ſur le Théatre, & que les Témoins n'avoient oublié que le nom qu'on lui donnoit pour lors.

Il a donc malverſé dans toutes les dépoſitions, non ſeulement parce que tous les Témoins que l'on a juſqu'icy raporté dépoſent qu'ils n'ont jamais vû la Mere du Plaignant ſur le Théatre, mais encore, parce que ſi on examine les Enquêtes mêmes faites par l'Accuſé, on trouvera dans les 32.

dépofitions cy-devant reprefentées, que fi on en détache l'Hiftoire des Dubillaud, il ne reftera dans ces dépofitions aucun veftige de ce que les Témoins ont dit fur le fait de la Mere du Plaignant à l'exception de l'énonciation fur leur ignorance du nom qu'on lui donnoit, en détachant donc
l'Hiftoire de Dubillaud, il eft évident que dans l'Enquête faite par l'Accufé il y a un vuide affreux fur les faits admis par l'Arrêt contre la Mere du
Plaignant, ils font très-circonftanciés & très-perfonels. 1°. Qu'elle a été
Charlatanne. 2°. Qu'elle a monté publiquement fur le Théatre. 3°. Et
enfin qu'elle y a joüé des Rolles.

Si les Témoins avoient répondu affirmativement fur ces faits, l'Accufé
qui comme on l'a vû étoit tout porté à les retenir n'auroit pas manqué
de s'en prévaloir, il n'auroit pas même pû les fuprimer au préjudice du
Sieur de Reinach, fi au contraire ils ont répondu négativement, l'Accufé
fans recourir aux équivoques devoit tranchément faire écrire, que les Témoins ne fçavoit rien des faits portés par l'Arrêt ; mais il y a eû de fa part
une affectation criminelle de n'avoir fait tomber l'ignorance du Témoin
que fur le nom & cela fans avoir expliqué ce que le Témoin fçavoit
ou ne fçavoit pas fur les faits tels qu'ils avoient été choifis par
l'Arrêt.

Il eft fi peu vray qu'il n'ait inferé cette claufe : *ne peut fe foûvenir du
nom*, *&c.* Qu'en conféquence des déclarations faites par les Témoins qu'elle
avoit monté fur le Théatre, qu'outre que cette déclaration ne fe trouve
pas inferé dans leurs dépofitions, plufieurs d'entr'eux s'étant aperçû des
conféquences de cette énonciation, l'ont fait corriger par des additions portant : *ne peut nous dire quel nom elle pouvoit avoir puifqu'elle n'a pas monté fur Théatre, & qu'elle n'a été mariée avec ledit Dubilaud qu'aprés que
ladite Troupe a été fortie de Belfort.* Et ainfi des autres corrections qui fe
trouvent dans les minutes des Enquêtes faites par l'Accufé.

* Habitude
remarquable
de l'Accufé
prouvée par
l'aplication
inconfiderée
des mémes
termes cap-
tieux.

* On trouve dans ces mêmes minutes des preuves convaincantes de l'habitude que l'Accufé s'étoit formée d'inferer ces termes captieux, car il les a employé en quelques dépofitions fans réflêchir à l'incongruité qui en réfulte-
roit contre lui-même, on n'en raportera que trois dépofitions par lui rédigées, & qui ne font pas du nombre des 32. que l'on a ci-devant reprefentées. Jean-François Lindem 24. Témoin de l'Enquête faite par l'Accufé
au mois d'Octobre 1720. Dépofe : *Qu'il n'a point vû de Femme fur ledit
Théatre & qu'il ne fçait pas quel* NOM ON DONNOIT *à ladite Femme
dans les Rolles qu'elle joüoit*

Jean Cuënot 46. Témoin de la même Enquête. Dépofe, &c. *Qu'il ne fe
fouvient pas d'avoir vû des Femmes fur le Theatre, ni* QUEL NOM *on donnoit à ladite Dame Dubillaud.*

Barbe Hauffet Veuve de François Odelin 34. Témoin de la même Enquête. Dépofe *Qu'elle n'a pas vû ladite Dame Dubillaud à prefent Ferrier
fur le Theatre, & qu'elle ne fçait pas* QUEL NOM *on lui donnoit dans
les rolles qu'elle reprefentoit.*

L'Accufé conviendra fans doute, qu'en faifant dire à ces Témoins qu'ils
n'ont point vû de Femme avec Dubillaud, il a fidélement rédigé leurs dépofitions, & il foûtiendra qu'il les a rédigé ainfi parce qu'ils lui ont dit
réellement, qu'ils n'y avoient point vû de Femme, c'eft donc contre la bonne
foy que dans fa réponfe au 17. interrogat l'Accufé a dit, que lorfqu'il a
demandé aux Témoins quel nom la Mere du Plaignant portoit fur le
Théatre, ç'a été après qu'ils fe font expliqué fur la circonftance qu'elle
avoit réellement monté fur le Théatre, puifque ces dépofitions rédigées par
lui même prouvent que les Témoins ont dit n'avoir vû aucune Femme
fur le Théatre, & que néanmoins interrogés du nom que l'on donnoit à la
Mere du Plaignant, l'Accufé en retenant leurs réponfes purement négatives y a incongruëment refumé les termes de fon interrogat captieux,
parce que cette façon de rédiger les dépofitions lui étoit devenüe fi fa-
miliere, qu'il ne s'eft pas aperçû des contrariétés dans lefquelles fa préocupation

cupation le faifoit tomber, & qui avoit fon principe dans le plan général qu'il s'étoit formé de tirer avantage de toutes les réponfes que les Témoins feroient à fon interrogat.

Malice de l'Accufé demontrée par la connoiffance qu'il a euë de la fauffetè & calomnie des faits imputès à la Mere du Plaignant, & defquels il s'eft néanmoins opiniatré de procurer une fauffe preuve.

IL n'étoit pas queftion de prouver un fait occulte & fecret, dont les preuves font difficiles à acquerir, il s'agiffoit de la preuve d'un fait, que l'on fupofoit être public & notoire dans la Ville de Belfort, l'Accufé & Mr de Reinach ont connu dés le mois d'Octobre 1720. que le fait n'étoit rien moins que notoire, n'eft-ce pas le défefpoir de le prouver, qui leur a fur l'événement de la preuve infpiré l'inquiétude & la confternation dont parlent les Témoins ci-devant raportés ? n'eft-ce point par une fuite de cette confternation que dans les commencemens de l'Enquête l'Accufé s'eft plaint de ce que la preuve ne s'avançoit pas, & de ce que les Témoins ne vouloient point parler ? Les Habitans de la Ville de Belfort loin d'être fcandalifés des artifices que l'Accufé pratiquoit pour operer la preuve de ce fait, auroient-ils pû concevoir contre lui le moindre foupçon d'affectation fur la recherche de ce fait s'il avoit été notoire & public dans leur Ville ? Auroient-ils douté de la fincerité du récit que leur faifoit l'Accufé fur les prétendus progrés de cette preuve ?

* La mémoire des égaremens de Dubillaud s'étoit fi parfaitement confervée que l'Accufé a trouvé une trés-ample matiere à en recuëillir l'Hiftoire ; dont il a fans charité & fans néceffité laiffé un monument dans toutes les dépofitions, Dubillaud étoit cependant mort dés l'année 1690. comme il eft juftifié par fon Extrait mortuaire produit au Procés.

Si le Public a pû fe reffouvenir des actions d'un homme mort depuis tant d'années, peut-on s'imaginer qu'il n'auroit oublié que celles de fa Femme, elle qui depuis fon mariage a demeuré à Belfort jufqu'à prefent, qui a toûjours été connuë, & qui y a été diftinguée par une fortune qui quoique trés-médiocre à certains égards ne pouvoit être que trés confiderable aux yeux des principaux Habitans d'une petite Ville ? les perfonnes que la fortune femble élever au-deffus de leurs compatriotes & de leurs égaux font expofées aux traits inévitables de l'envie & de la jaloufie, on ne perd jamais la mémoire de l'état vîle dans lequel on les a vû, la prefence de la Mere du Plaignant, le prétendu changement de fon état, certains accroiffemens de biens & de figure auroient trop profondément gravé le fouvenir du fait qui lui eft imputé, la mémoire en auroit été infiniment plus récente, que celle qui s'eft confervée fur le fait de Dubillaud, on ne fe feroit pas plaint de la difette des Témoins, les fpectacles publics & fur tout ceux qui ne coûtent rien attirent toûjours une grande affluence de Peuple, la jeuneffe de tout état & de toute condition en eft extrêmement avide, on auroit trouvé des milliers de Témoins irréprochables fi le fait n'avoit pas été calomnieux.

Il n'eft pas poffible que l'Accufé n'ait été frapé des marques fenfibles qu'il a eû de la difpofition generale des efprits fur la négative du fait imputé à la Mere du Plaignant, l'ordre dans lequel les Témoins de Mr de Reinach ont été entendus par l'Accufé démontre qu'on s'étoit flaté d'établir cette preuve fur le témoignage des Habitans de Belfort, & que ce n'eft qu'enfuite du mauvais fuccés de cette Enquête, qu'on a fongé à fe

M

* Paralelle
des Faits é-
trangers &
de ceux qui
gifoient en
preuve.

procurer ceux de plufieurs autres Témoins, & entre autres ceux de trois miferables qui feuls ont dépofé affirmativement aux termes de l'Arrêt interlocutoire, c'étoit fans doute de ces hommes que l'Accufé entendoit parler, lorfque comme on l'a ci-devant vû il s'eft emporté à dire : *on ne veut point parler ; mais il nous viendra des gens qui parleront,*

Néanmoins de ces trois hommes il n'y en a eû qu'un feul qui ait eu le front de fe préfenter à l'Hôtel de Ville de Belfort pour y dépofer, c'eft le nommé David Pierron contre lequel le Plaignant peu de tems avant cette Enquête avoit plaidé une Caufe dans laquelle il s'agiffoit de fçavoir fi ce Pierron feroit admis à fon affirmation, qu'il offroit étant prefent à l'Audience, le Plaignant fur les Mémoires & Piéces de fa Partie, l'accufa d'avoir déja été fauffaire, & d'avoir tranfigé pour raifon du crime de parjure, l'affirmation qu'il offroit fut rejettée, c'eft en exécution de l'Arrêt rendu fur la Plaidoirie du Plaignant que dans le tems de l'Enquête de Mr de Reinach, on pourfuivoit le Decret de quelques chetifs morceaux de Terre qui compofoient le Patrimoine de ce malheureux.

On ne peut détailler aucun trait de la vie d'un prétendu Maître Pierre Lorain, qui eft le fecond de ces Témoins affirmatifs, parce qu'il n'a fans doute pas ofé fe prefenter à Belfort, ou parce que c'eft un perfonnage fupofé, ce qui a donné fujet d'en être perfuadé eft que l'Accufé qui prétend avoir entendu cet inconnu Maître Pierre dans un Village a affecté de cacher fes qualités, fa profeffion & fa demeure, c'eft ce qui eft marqué dans l'intitulé & dans le préambule de fa dépofition redigée par l'Accufé même, voici l'un & l'autre. *Du feptiéme Octobre* 1720. *à Morvillars.* Ces mots font écrits en forme de titre, & en marge font écrits en trés-petit caractére ces autres mots ; (*Où nous nous fommes tranfporté pour être ledit pierre Lorrain malade*] enfuite eft écrit ce qui fuit : *Maître Pierre Lorain natif de* COLOMMIERS EN BRIE , *de la Religion Catholique, Apoftolique & Romaine aprés ferment par lui prêté de dire verité, & qu'il a declaré n'être parent, allié, ferviteur ni domeftique des Parties, & qu'il nous a reprefenté l'Exploit d'affignation à lui donné ce jourd'hui. Depofe fur les faits mentionnés,* &c.

Les gens de Colommiers en Brie Province trés-éloignée de l'Alface étoient-ils mieux que les Habitans de Belfort inftruits des faits qui devoient être notoires à Belfort même ? & d'où vient le filence miftérieux fur la qualité, profeffion & demeure de ce Maître Pierre ?

Le troifiéme de ces Témoins affirmatifs eft le nommé Jean-Pierre Donnat le dernier des Témoins produits par Mr de Reinach, on lui a donné la qualité de manouvrier dans la Tuilerie d'Efferts lieu fitué à la portée du canon de Belfort, ce Donnat a été entendu dans le Jardin dont parlent François Donzé & Claudine Cattin Femme de Marin Monpoix ci-devant raportés pages 34. & 40. & qui rendent compte des pieges que l'Accufé leur a tendu dans ce lieu écarté, Donnat eft ce mandiant dont parlent les Srs Jean-François Chardoüillet & Jofeph Bellot le jeune ci-devant raportés pages 22. & 23. & à l'occafion duquel on fut fcandalifé de ce que l'Accufé en recompenfe *de ce qu'il avoit depofé à fa fantaifie* lui avoit taxé trois livres au lieu de dix fols qu'il avoit eu coûtume de retribuer à d'autres Habitans du même lieu d'Efferts.

L'objet de trois livres eft trés chetif, mais il eft confiderable aux yeux d'un homme qui fe croit honoré du titre de manouvrier en une Tuilerie & qui en paitriffant la glaife ne gagneroit que fix fols par jour. On a vû que l'Accufé a voulu tenter d'autres Témoins fur le prix & la rétribution de leurs falaires, aura-t'il eu avec Donnat plus de ménagement qu'il n'en n'a eû avec vingt autres aufquels il a dit : *les Témoins qui ont depofé avant vous font convenus de ces faits, &c.* Cette fuggeftion pouvoit apaifer les remords d'un homme moins fcrupuleux que ne l'étoit Donnat, qui pour d'autres friponneries avoit déja été tourné publiquement dans le tourniquet efpéce de pilory, & qui en Allemagne eft la peine des vols de moyenne qualité.

Tel eft le nombre, telles font les qualités des gens fur le témoigna-

ge deſquels on veut établir la notorieté d'un fait prétendu public dans la
Ville de Belfort; mais eſt-ce ainſi que l'on prouve la notorieté? & par quel
hazard ces trois perſonnages ont-ils apris ce qu'ignorent tous les Habitans
de la Ville même de Belfort.

* Les dépoſitions de ces trois hommes ſont ſans équivoque rédigées en
termes déciſifs, & trés-relatifs aux faits retenus par l'Arrêt interlocutoire,
elles ſont en cela trés-differentes des autres dépoſitions dont les termes ne
tendent qu'à des inductions conſéquentes & obliques & détruites par la
ſuite des Procédures, cette notable difference démontre deux vérités incon-
teſtables.

La première eſt qu'en rédigeant ces trois dépoſitions l'Accuſé a parfaitement connu l'ordre & la régle qu'il devoit ſuivre pour exécuter l'Arrêt
interlocutoire, & que s'il n'a pas pû y ajuſter les autres dépoſitions, ce
n'a été que parce que les Témoins ont répondu négativement ſur les faits
qui touchoient la Mere du Plaignant, ou parce qu'il a été obligé de corriger ce qu'il y avoit inſeré contre l'intention des Témoins.

La ſeconde eſt que cette négation generale ayant parfaitement fait connoître à l'Accuſé que les faits imputés à la Mere du Plaignant étoient calomnieux, les tours obliques, & les ſens équivoques dans leſquels il a
redigé la plus grande partie des dépoſitions, les ratures, les corrections
& les additions que ſes artifices ont rendu néceſſaires ſur les repreſentations
des plus clairvoyans d'entre les Témoins ſont des veſtiges irréprochables &
convaincans de la plus affreuſe & de la plus obſtinée perſeverance de l'Accuſé dans ſon premier projet de perdre le Plaignant au moyen de la fauſſé
preuve d'un fait qu'il ſçavoit être calomnieux.

Suite des malverſations pratiquées pour acquerir une fauſſé preuve des Faits imputés au Pere du Plaignant.

CEtte calomnie devoit concourir avec la précédente à la ruine de l'établiſ-
ſement du Plaignant, on ſupoſoit calomnieuſement que ſon Pere avoit
été Valet de Chambre de Monſieur de Saint Juſt autrefois Gouverneur de
Belfort, Monſieur de Reinach en poſant ce fait a paru trop modéré aux
yeux de l'Accuſé qui de ſon chef a entrepris de prouver que le Pere du
Plaignant avoit non ſeulement été Valet de Chambre, mais Laquais, on a
vû ci-devant dans les preuves raportées de ſa paſſion & de ſes premiéres
diffamations, qu'il avoit de ſon chef avancé cette même calomnie.

Ses malverſations à cet égard ſont ſi ouvertement prouvées que l'Accuſé
pour toute juſtification ſe reduit à la conſequence d'un pitoyable ſophiſme
qu'il n'auroit jamais oſé propoſer en Alſace, ni à la face des Juges qui
avoient rendu l'Arrêt interlocutoire, on réünit ici ce qu'il en dit dans les
pages 32. 41. 66. & autres de ſon grand Factum: *Ferrier, dit-il, n'a jamais déſa-
voüé que ſon Pere ait été l'Homme d'Affaire de Mr de St Juſt, & ſon Maître
d'Hôtel, Mr Gomé n'a donc pas été dans le cas de prévariquer pour prouver
que Ferrier Pere a été Domeſtique de Mr de St Juſt: Laquais, Valet de Chambre, Maître d'Hôtel, ou homme d'Affaires; ces qualités ſont égales en France.*

* Il n'eſt pas generalament vrai que même en France ces qualités ſoient
égales; mais l'Accuſé ſous prétexte de ce que le procés eſt renvoyé au Parlement de Beſançon en ce qui touche l'examen de la conduite qu'il a tenuë
en qualité de Commiſſaire ſera-t'il en droit de changer ſur le fond l'é-
tat de la queſtion müe entre Mr de Reinach & le Plaignant, l'état de cette
queſtion étoit déterminé entre les Parties principales ſur le fondement des
mœurs d'Allemagne ſuivies en Alſace, & ou la qualité d'Hoffmeiſter qui
en François ne peut ſe rendre que cumulativement par ces termes Maître
d'Hôtel & Intendant, n'eſt rien moins que vîle, c'eſt un emploi trés-ſou-
vent occupé par des Gentilhommes même alliés des Seigneurs, ou des Pré-
lats chés leſquels ils en font les fonctions, qui ſont beaucoup plus éten-
düës, & differentes de celles, auſquelles ſont en France employés ceux

qu'on y apelle Maître d'Hôtel. Mr de Reinach Gentilhomme d'Alface n'a jamais contefté ce principe, le Pere du Plaignant s'étoit fait honneur d'avoir eû toute la confiance de Monfieur de Saint Juft pendant qu'il commandoit dans la Province d'Alface, d'avoir été fon Homme d'Affaires, & Maître d'Hôtel dans l'ufage de la Province.

Ce fait qui étoit trés-connu & avéré n'avoit pas été un obftacle à l'agrément que le Plaignant avoit obtenu de traiter d'un Office de Confeiller, cela eft fi vrai que Mr de Reinach a bien reconnu qu'en ce fait il n'y avoit rien, qui pût porter atteinte au Plaignant felon l'ufage de la Province, & que le Confeil Souverain d'Alface l'avoit jugé ainfi ; car le Plaignant avoit produit un Certificat de Mr de St Juft en date du 13. Août 1720. portant : Que le Sr Ferrier Pere avoit été chés lui en qualité d'Homme d'Affaires & Maître d'Hôtel, & non autrement depuis l'année 1674. jufqu'en 1677. auquel tems il fe maria à Belfort, Mr de Reinach ne s'avifa point de prendre droit de ce Certificat qui lui avoit été fignifié, mais pour le contredire il obferva feulement que l'époque déterminée par Mr de Saint Juft préfupofoit qu'avant l'année 1674. le Pere du Plaignant l'avoit fervi en quelque autre qualité, & foûtint que c'étoit en celle de Valet de Chambre.

* Le propre aveu de l'Accufé fuffit pour démontrer ce que le Plaignant vient d'expofer fur le véritable état de la queftion de fait d'entre les Parties principales, il raporte lui-même le Certificat de Mr de Saint Juft, & voicy ce qu'il en dit page 32. de fon Factum : *Mais Mr de Saint Juft a tû avec prudence ce que Ferrier étoit chez lui avant 1674.* il eft donc évident que dans les Enquêtes faites par l'Accufé, il ne devoit s'agir que de la recherche, non des faits convenus & avoüés entre les Parties, mais de ceux fur lefquels l'Accufé prétent que Monfieur de Saint Juft a gardé *un prudent filence*, Mr de Reinach ayant déterminé ce fait à la qualité de Valet de Chambre, & le Confeil Souverain d'Alface n'ayant admis que ce fait ; l'Accufé n'a pas fidellement executé cet Arrêt, lorfqu'il a tenté non feulement de confondre les qualités dont il ne s'agiffoit pas avec celles dont il s'agiffoit, mais encore lorfque plus emporté que Mr de Reinach même il s'eft efforcé de prouver de fon chef que le Pere du Plaignant avoit été Laquais, & que pour établir cette calomnie il a employé les indignes furprifes dont on va raporter les preuves.

Jofeph Lanier Commis Greffier 68. Témoin de l'Enquête du mois d'Octobre 1723. dépofe, *que Mr Gomé interrogeoit feulement les Témoins leur demandant, s'ils n'avoient pas vû le Sr Ferrier Pere Valet de Chambre de Mr de Saint Juft, & lorfque les Témoins répondoient qu'il n'étoit pas Valet de Chambre, laquelle réponfe une grande partie des Témoins ont faite, & ont ajoûté que c'étoit le nommé Ferrand qui étoit Valet de Chambre de Mr de Saint Juft lorfque le Sieur Ferrier Pere étoit chez lui, Mr Gomé difoit qu'il ne s'agiffoit point dudit Ferrand, & que cette circonftance étoit inutile, quelquefois il preffoit les Témoins par fes inftances, & par les apoftrophes réiterées pour les faire convenir defdits faits concernans la qualité du Sieur Ferrier Pere, difant au Temoin s'il n'avoit pas vû le Sr Ferrier avec des Eguillettes fur l'épaule ; que l'un defdits Témoins nommée Elizabeth Giboutet femme de Jacques Bellot ayant infifté à ce que toutes les circonftances de fa depofition fuffent rédigées par écrit, & n'ayant point voulu s'en relâcher, quoique lui eut dit Mr Gomé, il fe facha & dit au Dépofant d'écrire tout ce que cette vieille folle, cette vieille Sorciere voudroit dire, à quoy le Dépofant répondit, qu'il n'avoit garde de rédiger de fon chef la dépofition d'un Témoin, & qu'il n'écriroit rien que Mr Gomé ne lui dictât. Qu'il a paru vifiblement au Dépofant dans toutes les deux Enquêtes, que Mr Gomé étoit entierement porté pour le Sr de Reinach, & qu'il tâchoit de le favorifer par la maniere dont il parloit aux Tèmoins, & dont il dictoit leurs dépofitions obmettant les circonftances qui tendoient à détruire les faits pofés par ledit Sieur de Reinach ; & inferant les réponfes des Témoins par des phrafes & des fens entrecoupés*

entrecoupés qui tendoient à établir ces mêmes faits suivant que les Témoins lui en donnoient plus ou moins d'occasion.

Elizabeth Giboutet Veuve du Sr Jacques Bellot 70. Témoin de l'Enquête du mois d'Octobre 1723. elle avoit été oüie par l'Accusé en l'Enquête d'Octobre 1720. & en celle de Février 1721. Dépose, &c. *Qu'ayant repondu en l'une & l'autre de ses depositions, que Mr de St Just arrivant à Belfort pour y être Gouverneur, le Sr Ferrier Pere qui étoit avec lui logea chés le Pere de la Deposante, & qu'il étoit Maître d'Hôtel de mondit Sr de St Just, que sur ces reponses Mr Gomé lui disoit si elle ne l'avoit pas vû avec* L'ÉGUILLETTE *sur l'épaule, ou bien une serviette sur le bras versant à boire, à quoi elle repondit que bien éloigné il étoit habillé comme un Officier & étoit fort considéré par Mr de St Just & sur le troisieme fait, qu'elle avoit vû joüer les Dubillaud à Belfort, mais qu'elle n'avoit point vû la Dame Ferrier avec eux, parce que ni l'un ni l'autre desdits Dubillaud n'étoit marié alors, laquelle derniere circonstance Mr Gomé ne fit point écrire, & lors de sa seconde deposition ayant dit les mêmes reponses & ayant demandé qu'elles fussent écrites en leur entier & sur ce que la Deposante insistoit à ce que cela fût écrit Mr Gomé se mit en colere, & dit à la Deposante qu'elle étoit* UNE VIEILLE *auquel terme il en ajoûta encore d'autres plus rudes, & qu'elle* NE SÇAVOIT *ce qu'elle disoit, elle repliqua toute etourdie d'un pareil traitement que si on ne vouloit pas l'écouter & écrire ce qu'elle disoit il étoit inutile de la faire venir, cependant elle se retira, & ayant rencontré Me Queffemme à l'entrée du vestibule près de l'escalier par où il venoit de descendre de l'étage d'en haut la Deposante lui fit ses plaintes, lesquelles ayant aparemment été entendûës de Mr Gomé il ouvrit la porte de la Chambre demandant ce que c'étoit, Queffemme s'avança lui dit le sujet des plaintes de la Deposante, & le suplia avec honneteté de déferer à sa priere, Mr Gomé continua d'en faire difficulté, & ne s'y rendit qu'après plusieurs instances &c.* elle dit encore: *que la plûpart des Temoins se plaignoient de la partialité de Mr Gomé, & qu'il temoignoit par la maniere dont il les interrogeoit & dont il faisoit rediger leurs depositions, &c.*

L'Accusé à la fin de la page 46. de son Factum s'explique ainsi : *n'est-ce pas une chose honteuse d'avoir inquiété un Officier de Cour superieure pour n'avoir pas donné dans toutes les idées d'une Femme telle qu'Elizabeth Giboutet, qui parloit à tort & à travers, & qui fit plus de peine à Mr Gomé que trente autres Témoins.* Pour donner lieu de peser le mérite de cette défense il faut en premier lieu representer ici la copie figurée de la déposition d'Elisabeth Giboutet telle que l'Accusé l'a lui-même rédigée dans l'Enquête du mois de Fevrier 1721. & en second lieu raporter la réponse de l'Accusé à un Interrogatoire qu'il a subi.

<table>
<tr><td>

MARGE.

* *Qui étoit le Sr Ferrier* ELIZABETH GIBOVTET, GOME ; LANIER

** *Et qu'elle n'a point vû la Dame Dubillaud sur le Theatre, & qu'elle n'étoit point mariée avec ledit Dubillaud* ELIZABETH GIBOVTET, GOME; LANIER.

</td><td>

Texte de l'Enquête du mois de Février 1721. pages 4. verso & 5. recto.

Elizabeth Giboutet, &c. 5. Témoin.

Dépose, &c. *Que lorsque Mr de St Just est venu à Belfort prendre possession de son Gouvernement elle a vû le Sr Ferrier avec lui, il demanda à ladite Deposante deux licts, un pour lui & l'autre pour son Maître d'Hôtel* * *& que ledit Maître d'Hôtel étoit fort respecté & consideré par les Domestiques de la suite, lesquels tenoient le chapeau bas quand ils lui parloient & que ledit Sr Ferrier avoit les clefs des Coffres de Mr de St Just* ** *Qui est tout ce qu'elle a dit sçavoir, lecture à elle faite, &c.*

</td></tr>
</table>

Article **22.** de l'Interrogatoire ſubi par l'Accuſé : *Interrogé pourquoi en procedant à l'Enquête du Sr Ferrier Pere il a rédigé la dépoſition du cinquiéme Témoin d'une maniere intelligible ſans l'explication, qui eſt en marge, & ſi en diſtant cette explication il ne s'emporta pas, ou ne dit pas au Greffier d'écrire tout ce que cette vieille Folle, cette vieille Sorciere voudroit dire… Répond que le ſens de la dépoſition étoit ſuffiſamment éclairci, que ce fut toutefois pour y jetter une plus grande clarté que l'addition fut faite, qu'il n'a point parlé au Greffier dans les termes, qu'on lui impute, & qu'il eſt incapable de ſe ſervir de pareilles expreſſions.*

Les additions ne jettoient pas ſimplement une plus grande clarté à la dépoſition, elles corrigeoient totalement le tour que l'Accuſé y avoit donné, & duquel on induiſoit que le Pere du Plaignant étoit une Perſonne toute differente de celle que le Témoin diſoit être fort reſpectée & conſiderée. le corps de cette dépoſition dans ſon premier ſens étoit le propre ouvrage de l'Accuſé, c'eſt un veſtige irréprochable & trés-convaincant de la vérité de cette premiére partie de la dépoſition du Greffier portant: *Surquoi Mr Gomé faiſoit rédiger par écrit la reponſe des Témoins ſans liaiſon l'une avec l'autre, en ſorte que ſeparées elles formoient un ſens ſouvent contraire à l'eſprit & à l'intention des Témoins ſuivant qu'ils lui en donnoient plus ou moins d'occaſion.*

Si du propre aveu de l'Accuſé les additions ont été faites pour jetter une plus grande clarté, il a eu tort de dire dans ſon Factum, qu'Elizabeth Giboutet étoit une folle *qui parloit a tort & à travers,* & encore plus d'ajoûter *qu'elle lui fit plus de peine que trente autres Témoins.* Cependant que demandoit-elle ? ces additions juſtes & néceſſaires, l'Accuſé n'a donc pû avoir avec elle tant de peine, qu'autant qu'il réſiſtoit lui-même trop opiniâtrement à ſes juſtes remontrances, cet aveu de peine & d'alteration confirme tout ce que les Témoins ont dit ſur le ſujet qui les a occaſionné.

L'Accuſé pour ſe juſtifier de ces emportemens dit qu'il eſt incapable de ſe ſervir des expreſſions qu'on lui impute. Vingt Témoins parlent de ſes emportemens, & des mauvais termes dont il ſe ſervoit dans ſes fonctions tant contre la Famille du Plaignant, que contre les Témoins même, il eſt vrai que de ce nombre il n'y en n'a que cinq qui énoncent les termes dont l'Accuſé ſe ſervoit ſçavoir outre les deux précedens Claude Barret 43. Témoin de l'Enquête du mois d'Octobre 1723. *Que Mr Gomé ſe fâcha contre le Depoſant, & lui dit qu'il le feroit aller* AU DIABLE, *qu'il n'auroit que dix ſols, que pendant tout le tems de ſa depoſition Mr Gomé témoigna beaucoup de facherie contre le Depoſant:* Le même dans la répétition ajoûte; *que dans le tems que Mr Gomé ſe fâcha contre le Depoſant il ſe ſervit du mot de* B…. Antoine Degez 46. Témoin de ladite Enquête *Que pour déſigner la Dame Ferrier Mr Gomé l'apelloit en parlant au Depoſant* GROSSE TRUYE, *& qu'il lui diſoit qu'aparemment il ne vouloit pas dire la verité, & qu'il devoit avoir vû cette* GROSSE TRUYE *ſur le Theatre, puiſque les autres Temoins le diſoient ainſi,* Marie Urſule Mouilleſſeaux. 2. Témoin de la repetition de 1729. *Que lors de ſa dépoſition ayant repondu &c. Mr Gomé lui repliqua que Ferrier étoit un* B…. DE FOL. * Qu'à cela on joigne ce que diſent Marie-Françoiſe Monnier, Jean Dufaux, Jean-Pierre Clavey, & Claudine Cattin 10. 24. & 39. Témoins de l'Enquête d'Octobre 1723. & 27. de l'Information de 1729. portant : *que Mr Gomé ſe fachoit contre eux ſur ce que leurs reponſes étoient à l'avantage du Sr Ferrier, qu'ils ont bien reconnu qu'il y avoit aigreur & paſſion en Mr Gomé contre ledit Ferrier par* SES TERMES ET MANIERES BRUSQUES : Ces dépoſitions ſont relatives au precédentes preuves des emportemens de l'Accuſé & des termes équivalens dont il ſe ſervoit indécemment dans ſes fonctions, & au mépris de ſon caractere qu'il devoit lui-même reſpecter.

Jean Roy Procureur Fiſcal d'Eſſerts 43. Témoin de l'Enquête du mois d'Octobre 1723. dépoſe : *Qu'ayant été oüi en l'Enquête du mois d'Octobre, 1720. Mr Gomé ne lui fit point lecture de l'Arrêt du 11. Septembre precedent*

que nous lui avons repréfenté, mais qu'il l'interrogea fur les même faits por-
tés par icelui, & qu'ayant répondu fur le premier defdits faits, qu'il avoit
connu le Sieur Ferrier Pere chez Mr de Saint Juft; où il étoit Maître d'Hô-
tel, Mr Gomé lui dit là-deffus; VALET; n'eft-ce pas? & que le Depofant
dit qu'il l'avoit toûjours oüi apeller Maître d'Hôtel, Monfieur Gomé infifta
difant Maître d'Hôtel ou VALET DE CHAMBRE, à quoi le Temoin ré-
pondit qu'autant qu'il pouvoit s'en fouvenir c'étoit Maître d'Hôtel, & qu'à
l'égard du fecond fait il n'en n'avoit connoiffance & que pour le troifiéme
il avoit depofé n'avoir point vû la Dame Ferrier fur le Theatre, & qu'il a
femblé au Depofant par la maniere dont Mr Gomé avoit infifté fur la répon-
fe que le Depofant avoit fait au fujet du premier fait concernant la qualité
qu'avoit le Sieur Ferrier Pere chés Mr de St Juft, que Mr Gomé auroit de-
firé que le Témoin dit, que ledit Ferrier étoit VALET, ou VALET DE
CHAMBRE. Ce Témoin ne rend compte que de ce qui a été à fa portée,
il parle du combat qu'il y avoit entre lui & l'Accufé, fa dépofition reçûë
par l'Accufé dans l'Enquête de Mr de Reinach ne devoit pas être bornée à
une fimple négation indifference, elle tendoit à établir la preuve d'un fait
contraire, cependant l'Accufé au fecours des fens & tournures qui étoient
imperceptibles à la plûpart des Témoins a rédigé cette dépofition de façon que non-feulement il n'ignoroit que le nom que la Mere du Plaignant
prenoit dans les Rolles qu'elle joüoit; mais encore que fon Pere étoit Valet de Chambre.

Marie-Anne Donzé Femme du Sr Dufaux 26. Témoin de l'Enquête du
mois d'Octobre 1722. Dépofe : *Qu'ayant été oüie en l'Enquête du mois d'Oc-*
tobre 1720. Mr Gomé, &c. La premiere partie de fa dépofition fur le fait
de la Mere du Plaignant eft ci-devant raportée page 31. *que lorfque fa dé-*
pofition fut redigée par écrit elle fût étonnée d'entendre à la lecture qu'on
lui en fit, que l'on avoit écrit comme fi la Dépofante avoit vû le Sr Ferrier
Pere chez Mr de Saint Juft en l'une de ces trois qualités de LAQUAIS, de
VALET DE CHAMBRE, ou de Maître d'Hôtel, & que l'on avoit auffi
inferé fur le fait de la Dame Dubillaud chofes qu'elle n'avoit point dit, el-
le demanda à Mr le Commiffaire de faire rayer les termes de LAQUAIS &
de VALET DE CHAMBRE & de faire reformer l'autre article fans quoi
elle ne figneroit point, Mr Gomé y confentit avec péine & en effet fit faire
une rature que la Depofante figna enfuite, mais qu'elle reconnût bien par
cet endroit, & par les inftances avec lefquelles Mr Gomé lui repeta plufieurs
fois affirmativement, qu'elle avoit vû ledit Ferrier Pere Laquais, quoique
la Depofante perfifta à dire que non, que Mr Gomé cherchoit à lui faire dire
chofes contraires à fa connoiffance & à fa penfée, qu'elle n'a aucune con-
noiffance des autres faits pofés par l'Arrêt du 22. Septembre dernier, ajoûte
la Depofante qu'elle dit même dans fa depofition que c'étoit le nommé FER-
RAND qui étoit Valet de Chambre de Mr de St Juft, & que lorfque Mr
Gomé vit qu'elle ne vouloit point avoüer les faits ci-deffus, il dit à la De-
pofante que cependant D'AUTRES TE'MOINS LE DISOIENT & qu'il fal-
loit qu'elle fut Parente des Sieurs Ferrier, & par là intereffée pour ne point
avoüer la même chofe.

Elizabeth Chardoüillet femme de Jofeph Bellot le vieil 19. Témoin de
l'Enquête du mois d'Octobre 1723. Dépofe, &c. *Qu'elle répondit que le*
Sr Ferrier Pere étoit Maître d'Hôtel de Mr de St Juft, lorfqu'il vint à Bel-
fort, & que Mr Gomé dicta au Greffier qu'il étoit Domeftique de Mr de St
Juft faifant les fonctions de Maître d'Hôtel, ce qui fit de la peine à la De-
pofante fans cependant qu'elle s'en plaignit à Mr Gomé, que fur le troifiéme
fait &c. qu'elle dit même à Mr Gomé fur le premier fait, que c'étoit le nom-
mé Ferrand, qui étoit Valet de Chambre de Mr de St Juft lorfqu'il vint à
Belfort, lequel FERRAND elle avoit bien connu POUR TEL ayant épousé
la coufine germaine de la Depofante, laquelle derniere circonftance au fujet
dudit Ferrand Mr Gomé ne fit point METTRE PAR E'CRIT, qu'elle n'a
pas été la feule qui ait en fujet de fe plaindre, &c. ci-devant raporté page 35

Le Sr Jean-Claude Cuënin 22. Témoin de l'Enquête du mois d'Octobre 1723. Dépose &c. *Que le Depofant crût connoître quelque partialité en Mr Gomé par la maniere dont il l'interrogeoit fur lefdits faits en lui demandant, s'il n'avoit point vû ledit Sr Ferrier Pere porter la* LIVRE'E, & *par la maniere dont Mr Gomé repondit au Depofant lorfqu'il eût fatisfait aufdits Interrogats, Mr Gomé lui ayant dit vous ne voulés pas dire ce que je vous demande, mais d'autres le diront,* CAR JE SÇAIS *qu'il y en a qui le* SÇAVENT, *le Depofant dit auffi dans fa depofition que c'étoit le nommé* FERRAND *qui étoit Valet de Chambre de Mr de St Juft, mais Mr Gomé ne fit point rediger cette circonftance par écrit, & quant aux autres faits &c.*

Jacques Guillemin 25. Temoin de l'Enquête du mois d'Octobre 1723. Dépose &c. *Qu'en interrogeant le Depofant Mr Gomé lui repeta plufieurs fois frapant fur l'épaule s'il n'avoit point vû le Sr Ferrier Pere avec des E-GUILLETTES fur l'épaule, à quoi le Depofant repondit que non, qu'il l'avoit toûjours vû Maître d'Hôtel pendant* LE TEMS *que le Depofant* E'TOIT *au Service de Mr de St Juft & comme Mr Gomé reitera encore ce même Interrogat dans le cours de la depofition du Temoin cela lui fit foupçonner que Mr Gomé auroit defiré que le Temoin eût dit qu'oüi, &c.*

Le Sieur Jean Dufaux 24. Témoin l'Enquête du mois d'Octobre 1723. Dépose, &c. *Qu'il repondit que le Sr Ferrier Pere n'avoit point été Valet de Chambre de Mr de Saint Juft, mais Maître d'Hôtel ainfi que le Depofant l'avoit toûjours oüi dire, qu'il a dit ces circonftances* **** à Mr Gomé, lequel ne jugea pas à propos de les faire rediger toutes par écrit, quoique le Depofant le* DESIRAT, *qu'il a bien reconnu qu'il y avoit aigreur & paffion en Mr Gomé contre Ferrier Fils par les termes & manieres brufques dont Monfieur Gomé ufoit envers le Depofant voulant lui faire dire autrement qu'il ne fçavoit, & l'interrompant lorfque le Depofant difoit quelque circonftance qui paroiffoit detruire les faits pofés par le Sr de Reinach, que la plûpart des Temoins ont vû & penfé la même chofe & s'en font plaint.*

* Les autres circonftances touchoient les autres faits.

Jean-Pierre Tifferand Maire du Valdoye 8. Témoin de l'Enquête du mois d'Octobre 1723. Dépose: *Que le Depofant ayant repondu que le Sr Ferrier Pere étoit Maître d'Hôtel de Mr de St Juft, & que c'étoit le nommé* FERRAND *qui étoit Valet de Chambre, alors Mr Gomé ne voulut faire retenir par écrit que la premiere partie de cette depofition, & non la feconde concernant ledit* FERRAND, *difant qu'il ne s'en agiffoit pas, & que Mr Gomé ne fit* AJOUTER EN MARGE *cette derniere circonftance qu'après que le Depofant fortit de la Chambre.*

Conrad Tifferand du Valdoye 9. Témoin de ladite Enquête. Dépose: *Que le Depofant ayant repondu fur le premier fait que le Sr Ferrier Pere avoit été Maître d'Hôtel & non Valet de Chambre, & que c'étoit le nommé* FERRAND *qui avoit été Valet de Chambre Mr Gomé ne voulut pas faire rediger par écrit cette derniere circonftance, difant qu'il ne s'en* N'AGISSOIT PAS, *de quoi le Depofant s'étant plaint au fortir de la Chambre à Me Queffemme, & celui-ci ayant prié Mr le Commiffaire de faire écrire cette circonftance, elle fut* AJOUTE'E EN MARGE *de la depofition du Témoin que l'on fit rentrer pour cela, &c.*

Toutes les ratures ou additions dont il eft parlé fe trouvent dans les minutes, ces derniers Témoins font du nombre de ceux que les Emiffaires de l'Accufé ont depuis peu tenté de fuborner à la Forge de Belfort dans le tems qu'on travailloit à l'inftruction du Procès.

Les autres Témoins oüis dans la même Enquête atteftent generalement, qu'en dépofant pardevant l'Accufé, ils lui ont dit qu'ils n'avoient jamais connu le Pere du Plaignant en qualité de Valet de Chambre, ils ne different de ceux dont on vient de raporter les dépofitions qu'en ce qu'ils ne font mention d'aucune difficulté furvenuë entre eux & l'Accufé fur ce fait; mais on a déja vû que tous les Témoins n'ont pas été également éclairés, & que l'Accufé fe prévaloit du plus ou du moins d'occafion que lui fourniffoient les plus fimples où les plus timides; au refte la furprife a été

generale

generale tant envers ceux dont on vient de tranfcrire les dépofitions, qu'envers tous les autres; on voit dans les minutes qu'à l'éxception des corrections faites fur les inftances réïterées de quelqu'uns, l'Accufé a dans toutes leurs réponfes négatives fi artificieufement entre-mêlé le fens de fes Interrogats captieux que contre leur intention; il réfultoit de leurs dépofitions que le Pere du Plaignant avoit eu l'emploi de Ferrand.

  *C'eft un fait fur lequel l'Accufé eft tombé dans des contrarietés qui font toûjours les fuites des fauffes fupofitions, pour les conférer & en tirer les confequences il faut raporter ici deux de fes réponfes à l'interrogatoire & les conferer aux raifonnemens & aveus opofés qui font énoncés dans fon Factum. Art. 21. de l'Interrogatoire. *Interrogé pourquoy il demandoit aux Temoins fi le Pere du Sr Ferrier Fils avoit été Laquais. s'ils lui avoient vû des livrées ou une Eguillette fur l'épaule... Repond qu'il n'a point fait de pareilles demandes aux Temoins.* Article 23. *Interrogé pourquoi lorfque les Temoins vouloient depofer que c'étoit Ferrand qui avoit été Valet de Chambre de Mr de St Juft il difoit aux Temoins qu'il ne s'agiffoit pas de Ferrand.. Repond qu'il n'a jamais tenu ce difcours aux Temoins.*

Telles font les réponfes faites par l'Accufé fous la Religion de fon ferment, mais il s'explique bien differemment page 80. de fon Factum, qui a été imprimé avant qu'il eût fubi l'interrogatoire, & ou en effayant de réfuter la dépofition du Greffier & de juftifier fa conduite fur fes interrogats captieux il s'en explique ainfi : *Combien y a-t'il de Temoins qui s'expliquent mal, qui repondent à une chofe qu'on ne leur demande pas, & qui ont peine à fe faire entendre, & puifqu'il étoit queftion de fçavoir fi Ferrier Pere avoit été Valet de Chambre, qu'y a-t'il de* REPREHENSIBLE *en Mr Gomè* D'AVOIR DEMANDE *aux Temoins s'ils n'avoient point vû Ferrier Pere avec des Eguillettes: fouvent un Payfan ne fçait pas ce que c'eft qu'un Valet de Chambre, & pour le lui faire comprendre n'eft-il pas de la prudence d'un Commiffaire de l'interroger fi le Temoin lui a vû, ou s'il ne lui a pas vû une Eguillette fur l'épaule.*

  Etoit-ce fur le témoignage des Payfans qu'on devoit établir la preuve de l'état de la Maifon d'un Gouverneur? l'Accufé parloit à des Bourgeois de la Ville même de Belfort, qui fçavoient trés-parfaitement diftinguer ces qualités, Jacques Guillemin avoit lui-même été au fervice de Mr de St Juft fous le Pere du Plaignant, l'Accufé avoit retenu cette circonftance en tête de fa dépofition, falloit-il après cette explication lui fraper une feconde fois fur l'épaule, faire de nouvelles inftances? falloit-il inferer le terme de Laquais & autres faits fur lefquels les Témoins avoient répondu négativement?

  L'Accufé s'explique encore ainfi dans la même page 80. *Lanier ajoûte que lorfque les Temoins repondoient que Ferrier Pere n'étoit pas Valet de Chambre chés Mr de St Juft, qu'il étoit au contraire Maître d'Hôtel, & que le nommé Ferrand étoit Valet de Chambre, Mr Gomé ne vouloit pas mettre cette derniere circonftance,* ET N'AVOIT-IL PAS RAISON *tant parce qu'il ne s'agiffoit pas de fçavoir ce qu'avoit été Ferrand, que parce que fa qualité n'étoit pas l'un des faits retenus par l'Arrêt de preuve.*

  * Il n'eft pas étonnant que l'Accufé fe contrarie fi ouvertement, il ne lui étoit pas poffible de l'éviter rélativement à la difference des occafions où il a été contraint de s'expliquer à ce fujet, dans un acte auffi concis que l'eft un interrogatoire il a été obligé de répondre rélativement aux termes de l'Arrêt interlocutoire, il ne pouvoit pas y avoüer qu'il avoit demandé aux Témoins s'ils avoient vû le Pere du Plaignant Laquais ou portant livrée fans reconnoître en même tems qu'il avoit éxcédé les termes de l'Arrêt, & il ne pouvoit pas avoüer qu'il avoit refufé d'inferer que Ferrand étoit le Valet de Chambre de Mr de St Juft fans reconnoître pareillement qu'il avoit retranché une circonftance négative du fait qui gifoit en preuves ce font ces circonftances preffantes qui l'ont déterminé aux deux négations ci-deffus tranfcrites

* Contra-
riétès de l'Ac-
cufé.

* Contrain-
te de l'Accu-
fé dans fes
contrarietés.

Mais en travaillant à ſon Factum ſur le vû des charges & informations, ſes Conſeils ont-ils pû prévoir qu'il oſeroit faire ces dénégations en face de la Juſtice, auroient-ils eux-mêmes oſé les lui conſeiller? non ſans doute, leurs avis l'ayant réduit à une défenſe rélative aux charges, il avouë dans le Factum la conduite qu'il eſt convaincu d'avoir tenuë, & il entreprend de la juſtifier par les mêmes diſcours, que les Témoins raportent, & qu'ils atteſtent leur avoir été tenus par l'Accuſé dans le tems qu'il recevoit leurs dépoſitions.

* Conclu-
ſion reſul-
tante de ces
contrarietés.

* De ces contrariétés on conclut, que celle qui eſt contenuë dans le Factum de l'Accuſé emporte un aveu des interrogats captieux & ſupreſſions par lui faites des circonſtances des dépoſitions qu'il recevoit des Témoins, & celle portée par ſes deux réponſes à l'interrogatoire emporte une reconnoiſſance de ce qu'il ne lui étoit pas permis de faire de pareilles queſtions ni de ſuprimer les circonſtances de leurs dépoſitions.

Il ne s'eſt dans l'interrogatoire porté aux dénégations qui y ſont retenuës, qu'aprés avoir reconnu la foibleſſe des raiſonnemens forces qui ſont énoncés dans ſon Factum; car d'un côté ſa recherche au-delà des termes de l'Arrêt tendoit à une confuſion de qualités, elle lui fourniſſoit une pernicieuſe occaſion de traiter aux rabais avec les Témoins, l'énonciation alternative de leur ignorance ſur les qualités de Laquais ou de Valet de Chambre mêlée avec les termes de l'Interrogat même ſupoſoit en la Perſonne du Pere du Plaignant l'une ou l'autre de ces deux qualités, & c'étoit pour éviter de donner atteinte à cette fauſſe ſupoſition que l'Accuſé refuſoit d'énoncer que Ferrand étoit le Valet de Chambre.

Mais il ne s'agiſſoit pas de Ferrand, éh s'agiſſoit-il de Dubillaud dans le tems que l'Accuſé impatient de ce que les Témoins ne lui en parloient point il les a d'Office interrogé ſur tout ce qui le touchoit, & a exactement retenu les réponſes qu'ils lui ont faites à ce ſujet. Il eſt trés-évident que l'Accuſé n'a pas donné aux Témoins une pareille occaſion de parler de Ferrand, s'ils en ont parlé ce n'a donc été que de leur propre mouvement, comme d'une circonſtance pertinente, il n'étoit pas permis à l'Accuſé de la ſuprimer, l'article XVII. du Titre des Enquêtes porte que: Les Commiſſaires feront rediger par écrit tout ce que le Temoin voudra dire touchant le fait dont il s'agit entre les Parties ſans rien retrancher des circonſtances.

Le Procés verbal des conferences tenuës ſur le réglement de l'Ordonnance de 1667. porte page 302. que lorſque cet article fut propoſé le mot circonſtances étoit ſuivi de ceux-ci: importantes & néceſſaires, que Mr le premier Préſident portant la parole au nom de Mrs les Députés du Parlement de Paris dit: Qu'il falloit retrancher ces mots IMPORTANTES ET NECESSAIRES: parce que cela pourroit donner lieu au Juge d'augmenter ou de diminuer les depoſitions des Temoins, ces mots eſt-il ajoûté furent retranchés. La diſpoſition de l'article eſt donc d'étroite obſervance, il ſuffit que le Témoin juge que la circonſtance dont il parle ſoit pertinente au fait pour obliger le Commiſſaire à la retenir, ſauf aux Juges à y avoir tel égard que de raiſon, il ne peut la ſuprimer ſans priver l'une ou l'autre des Parties des impreſſions qu'auroit fait la circonſtance ſur l'eſprit des Juges ſes Confreres, qui en jugeant doivent en peſer les conſéquences, & ſans reprendre une liberté dont le Legiſlateur lui défend d'uſer & que les Cours Souveraines ont reconnu être trop dangereuſe, & trop ſuſceptible d'affectation.

* Demonſ-
tration fon-
dée ſur les
motifs même
de la preten-
duë creduli-
té de l'Accu-
ſé.

* La circonſtance étoit trés-eſſentielle dans l'idée même de l'Accuſé, c'eſt ce que l'on va démontrer ſur les principes de ſon propre ſyſtême. Lorſque l'on ſçaura, dit-il, page 32. de ſon Factum, que Mr de St Juſt étoit un Officier ſans bien, & ſans d'autres revenus que ſes apointemens qui dans le tems qu'il étoit à Belfort ne ſe montoient au plus qu'à 4000. liv. on reſtera aiſement perſuadé que l'Homme d'affaires de Mr de St Juſt ou ſon Maître d'Hôtel n'étoit qu'un Maître Valet, un Valet de Chambre.

Quel égarement! n'y auroit-il pas eû plus d'artifice dans l'Accusé si en avoüant que Mr de St Just étoit un Seigneur d'une trés-grande Maison, & trés-puissant il avoit conclu rélativement à l'état de sa maison & de sa fortune, qu'il étoit suffisamment suposé que son Homme d'affaires, son Maître d'Hôtel étoit si different du Valet de Chambre; que n'y ayant eû aucun sujet de craindre la confusion de ces deux qualités dans une seule & même personne, il a sans malice suprimé ce que les Témoins lui ont dit de Ferrand.

Mais l'Accusé qui a douté de la qualité & des facultés de Mr de St Just, qui a cru que ce Seigneur loin d'être en état d'avoir un Homme d'affaires, ou Maître d'Hôtel, ne pouvoit avoir qu'un Maître Valet, ou tout au plus un Valet de Chambre, dans la suposition de cette préocupation l'Accusé a-t'il pû ne pas être frapé du récit qu'on lui faisoit du nombre des Gens qui étoient à la suite de Mr de St Just; a-t'il pû regarder comme indifferente la désignation spéciale du nommé Ferrand Valet de Chambre, s'il est vrai que l'Accusé n'ait pas prévû ces éclaircissemens, il sera aussi vrai que ces mêmes éclaircissemens non attendus ont fait une vive impression sur son esprit, & il n'est pas possible que les effets de cette impression ne lui ayent fait sentir que ces éclaircissemens n'étoient pas indifferens, & qu'ils pouvoient produire sur l'esprit des autres Juges le même effet qu'ils avoient produit sur le sien.

Mais il a affecté de confondre tout ce que les Juges & les Parties principales avoient distingué & ce que les Témoins distinguoient parfaitement bien par les circonstances de leurs réponses sur les faits gissans en preuve, si on rétranche le sens oblique que l'Accusé a donné à ses réponses, & si on les confere avec le sens dans lequel elles ont été repétées dans l'Enquête de 1723. on trouvera qu'à l'exception de son Maître Pierre natif de Colommiers en Brie, & de Jean-Pierre Donnat, les dépositions des Témoins mêmes produits par Mr de Reinach ont été rédigées en termes équivoques par le fait de l'Accusé, & par son obstination à perdre le Plaignant.

Les raisons que l'on a ci-devant raportées sur la qualité suspecte de Jean-Pierre Donnat ne peuvent de leur nature toucher que le fond du Procés dont la prise à partie est un incident; mais la subornation pratiquée par l'Accusé mérite d'entrer en consideration dans les moyens de la prise à partie, cette subornation consiste en ce que l'Accusé qui avoit coûtume de ne faire retribuer que 10. 12. ou 15. sols aux Témoins a distingué ce miserable & lui a rétribué trois livres.

L'Accusé prétend que le Plaignant a nouvellement inventé ce chef d'acusation: voici ce qu'il en dit page 88. de son Factum: *Ce n'est que depuis que le Procés est retenu au Parlement de Besançon, que Ferrier a inventé ce fait de subornation, & si ce fait avoit été aparent lui auroit-il échapé depuis plus de dix ans qu'il calomnie Mr Gomé.*

Il y a peu de circonstance importante sur laquelle l'Accusé ne parle contre la teneur des Piéces du Procés, dont fait partie un Mémoire imprimé en 1721. & distribué au Conseil d'Etat par le Plaignant, l'Accusé n'ignore point la teneur de ce Mémoire, c'est lui-même qui en 1722. a produit l'exemplaire qui est joint au Procés, qui fut cotté, signé & paraphé en 1722. c'est cette piéce que l'Accusé qualifioit de libelle diffamatoire, cette piéce faisoit tout le fondement de sa demande en réparation. Voici comme dés l'année 1721. le Plaignant s'est expliqué page 6. de ce Mémoire: *Il paroit que les meilleurs Bourgeois de Belfort n'ont été taxés que 10. 12. ou 15. sols, cependant Jean-Pierre Donnat 52. & dernier Temoin oüi en cette Enquête, qui est un miserable mandiant repris de Justice & qui est le seul qui ait précisément deposé au desir du Sr de Reinach a été taxé six fois au delà des bons Bourgeois; il est vrai qu'un écu auquel il a été taxé est ordinairement un trés-petit objet, mais il devient trés-considerable à un homme corruptible pour un morceau de pain, & condamné pour vol.*

Cette accusation n'est pas de si fraiche date que le supose l'Accusé, elle eſt auſſi ancienne que la priſe à partie, l'Accuſé ſe contredit dans ce qu'il allégue pour ſa juſtification ſur ce fait. art. 26. de l'Interrogatoire: *Interrogé pourquoi il a taxé à Jean-Pierre Donnat 52. Temoin de l'Enquête faite à la Requête du Comte de Reinach la ſomme de trois livres ce Temoin demeurant dans la Banlieuë de Belfort, & qu'il n'a taxé à Claude Barret Maire de la Seigneurie d'Eſſerts que dix ſols, & 20. ſols à Jean-Pierre Chardoüillet Bourgeois dudit Eſſerts. Repond qu'il a taxé un écu à Jean-Pierre Donnat parce qu'étant malade, & âgé de 83. ans ce Temoin avoit été obligé de prendre une voiture pour venir depoſer, & qu'à l'égard des deux autres Temoins mentionnés dans l'Interrogat ils s'étoient trouvés dans la Ville de Belfort où ils avoient été aſſignés ce qui fait qu'on les a moins taxé que Donnat.*

Ce Témoin étoit un Habitant de Belfort, on lui donne même la qualité de Bourgeois de Belfort dans le Préambule de ſa dépoſition, s'il étoit malade que faiſoit-il à la Tuilerie d'Eſſerts, pourquoi l'Huiſſier l'a-t'il trouvé travaillant dans cette Tuilerie? Voici comme avant l'Interrogatoire l'Accuſé s'étoit expliqué page 88. & 89. de ſon Factum *Mr Gomé lui a taxé trois livres, parce que ce Témoin a été obligé de quitter ſa profeſſion, de ceſſer ſon ouvrage & de fatiguer en faiſant quatre lieuës dans un âge très-avancé;* ce paſſage du Factum prouve que depuis 1721. juſqu'à lors on n'avoit pas encore ſongé à la prétenduë maladie de Donnat, ni à la prétenduë néceſſité de prendre une voiture pour un homme de cette eſpece, ainſi le fait a été nouvellement controuvé par l'Accuſé; l'un & l'autre ſont également faux. 1°. S'il y avoit eu quelque néceſſité aparente de diſtinguer ce Donnat, on n'auroit pas dans l'inſtant même trouvé à redire à cette taxe, qui a été remarquée, comme le raportent les Sieurs Jean-François Chardoüillet & Joſeph Bellot le jeune ci-deſſus pages 22. & 23. la qualité reconnuë de Donnat augmentoit leur étonnement ſur cette taxe & diſtinction. 2°. Si l'Accuſé avoit eu quelque raiſon légitime de taxer ainſi Donnat il l'auroit d'abord expliqué ſans recourir à une cauſe fauſſement ſupoſée ſur un éloignement imaginaire du Village d'Eſſerts à la Ville de Belfort; on pourra en juger par les deux pieces ſuivantes.

Je ſouſſigné Arpenteur juré de la Ville de Belfort certifie que la Tuilerie ſituée dans le Village d'Eſſerts proche ladite Ville de Belfort eſt diſtante de ladite Ville de la quantité de 1670. toiſes de 6. pieds de Roy chacune, & qu'elle n'eſt diſtante de la maiſon ſituée dans le jardin * *de Mr Noblat Prevôt de Belfort &. Subdelegué de Monſieur l'Intendant hors la Ville de Belfort ſur le chemin dudit Eſſerts de la quantité de 1630. toiſes dite meſure que nous atteſtons veritable pour l'avoir toiſé & meſuré, en foy de quoi j'ai donné le preſent Procès verbal fait à Belfort ce 2. May 1732. Signé CORDONNIER,* & au bas eſt écrit: *Nous Prevôt & Magiſtrats de la Ville de Belfort certifions à tous qu'il apartiendra, que le Sr Nicolas Cordonnier qui a ſigné & delivré le preſent Certificat eſt Arpenteur juré de cette Ville auquel foy doit être ajoûtée, certifions auſſi que le controlle ni le papier timbré &c.*

Nous les Magiſtrats de la Ville de Belfort certifions à tous qu'il apartiendra, que l'on compte communément la diſtance de cette Ville au Village d'Eſſerts être d'une demie lieuë bonne ou trois petits quarts de lieuë, ** *en foy de quoi avons donné le preſent Certificat que nous avons ſigné & fait apoſer au bas d'icelui le Sceau aux Armes de cette Ville ou le controlle ni le papier timbré ne ſont point en uſage. Fait ce 3. May 1732. Signé Mouilleſeau, Bletry l'aîné, George, Beſançon, Chapuis, Cuénin & Simon Greffier.*

L'Huiſſier même qui avoit aſſigné Donnat, fait dans ſon exploit mention de ſon voyage de Belfort à Eſſerts, cet Huiſſier dont le ſtile n'a jamais admis de fraction dans les déſignations des diſtances ſur leſquelles les voyages d'Huiſſier doivent être taxés, n'avoit lui-même déſigné cette diſtance que d'une lieuë, la plus petite de toutes les diſtances admiſes dans ſon ſtile, Eſſerts eſt à la vûë de la Ville de Belfort.

Si comme on l'a vû Donnat a été trouvé occupé à ſon travail dans la
Tuilerie

Tuilerie d'Efferts, il n'étoit point malade, il étoit en état de fe tranfporter au rendés-vous, que l'Accufé lui avoit defigné à la diftance de 1630. toifes de la Tuilerie, la ceffation de fon travail n'étoit pas confiderable, il gagnoit fix fols par jour lorfqu'il travailloit à Efferts en qualité de journalier; ce n'a donc été ni en confideration de fa maladie nouvellement inventée, ni en confideration de la diftance des lieux que l'Accufé l'a rétribué avec tant de diftinction dont le veritable morif fe trouve trés-marqué dans la dépofition de Claude Barret 43. Témoin de l'Enquête du mois d'Octobre 1723. ci-devant raporté page 34. *Mr Gomé dit au Depofant qu'il feroit payé comme il depofoit, que le nommé Prevôt Maire de Bavilliers, qui avoit déja été oüi avoit bien depofé & que pour cela* IL AVOIT E'TE' BIEN PAYE', *& puifque le Depofant ne vouloit pas faire de même* QU'IL N'AUROIT QUE DIX SOLS, *à quoi le Depofant repondit que ce feroit comme il voudroit, que pour lui il ne vouloit point depofer pour de l'argent chofes qu'il ne fçavoit pas.*

Effectivement ce Claude Prevôt & autres qui fe font laiffé furprendre ont été plus liberalement retribués que ceux qui fe font aperçû de la partialité & qui y ont refifté, c'eft ce qui a été remarqué dans le tems même auquel l'Accufé vaquoit à l'Enquête de Mr de Reinach; on a raporté ci-devant page 22. & 23. les dépofitions des Sieurs Jean-François Chardoüillet & Jofeph Bellot le jeune, il en refulte que dés-lors on difoit déja : *Que Mr Gomé témoignoit fa partialité jufqu'au point de taxer beaucoup ceux qui depofoient comme il vouloit & de donner peu à ceux qui ne le faifoient pas, fi vrai qu'il avoit taxé un écu à Jean-Pierre Donnat journalier à la Tuillerie d'Efferts parce qu'il avoit depofé fuivant le defir de Mr Gomé.*

Dans l'idée de fe difculper fur la prétenduë preuve des faits imputés au Pere du Plaignant, l'Accufé fe reduit à la dépofition du Sr de la Bafiniere, parce qu'elle eft rédigée en termes qui font généralement & abfolument concluans en faveur de Mr de Reinach, mais c'eft donner pour principe ce qui eft en conteftation;feu le Sr de la Bafiniere étoit entre tous les Témoins le plus facile à furprendre, il étoit certainement du nombre de ceux dont parle le Greffier en difant, que l'Accufé réüffiffoit dans fes furprifes *fuivant que les Temoins lui en donnoient plus ou moins d'occafion*; le Sr de la Bafiniere étoit trés-incommodé & hors d'état de prêter fon attention à ce que faifoit l'Accufé; on en trouvera des veftiges dans la prétenduë fignature qui fe trouve au bas de cette dépofition.

La fauffeté des faits & les anacronifmes qui y font groffierement répandus ne peuvent être que l'ouvrage de l'Accufé, il y eft fupofé qu'au Siége de Grave le Témoin a vû Mr de St Juft & le Pere du Plaignant, qu'à la fortie de ce Siége le Témoin paffa à Belfort pour aller à Dole que l'on démoliffoit, eft-il dit, que le Témoin vit encore dans ce paffage le Pere du Plaignant chés Mr de St Juft Gouverneur de Belfort.

Grave fut affiegé & rendu en 1674. le Témoin qui eft fupofé parler de la fin de cette Campagne ne peut pas avoir vû à Belfort Mr de St Juft qui étoit Gouverneur du Duché des deux Ponts; Mr Daubigné étoit Gouverneur de Belfort, & a confervé ce Gouvernement jufques vers la fin de l'année 1676. tems auquel il fut donné à Mr de St Juft qui pour la premiere fois n'arriva à Belfort qu'au commencement de l'année 1677. le Témoin ne pouvoit pas l'y avoir vû en 1674. La démonftration de ces faits fera celle de la fauffeté même de la dépofition; mais comme on n'a pas le témoignage du Sr la Bafiniere fur la furprife, qui probablement lui a été faite, le Plaignant n'a jamais employé la fauffeté de cette dépofition pour un moyen de conviction contre l'Accufé, l'éclairciffement de ces faits fera difcuté entre les Parties fur le fond du Procés dont la prife à partie n'eft qu'un incident.

P

Alteration & Fausseté du Procès verbal d'Enquête du mois d'Octobre. 1720.

LE Plaignant fut assigné par Exploit du 28. Septembre 1720. à comparoir sur l'Hôtel de Ville de Belfort le Jeudy 3. Octobre suivant pour y voir jurer & produire les Témoins, il faut raporter les termes importans de l'Ordonnance de l'Accusé : *Sur quoi Nous Conseiller du Roy, Commissaire susd. avons donné Acte audit Me Larcher audit nom (Procureur de Mr de Reinach) de sa comparution dire & réquisition, en conséquence ordonné que les Témoins que sa Partie desire faire entendre seront assignés à comparoir pardevant Nous sur l'Hôtel de Ville de Belfort le Jeudy 3. Octobre prochain neuf heures du matin pour deposer verité en l'Enquête qui sera par Nous faite en exécution dudit Arrêt, auquel* JOUR, LIEU ET HEURE *seront pareillement assignés lesdits Sieurs Ferrier Pere & *FILS * *aux domiciles de Maîtres* MARC * * *& Queffemme * * * leurs Procureurs pour voir produire & jurer lesdits Témoins. Fait à Colmar &c.*

Le troisiéme Octobre 1720. il y eut seize Témoins produits de la part de Mr de Reinach, & comme le Pere du Plaignant étoit present on ne fit point venir son Procureur ni celui du Plaignant ; ces 16. Témoins prêterent serment en la maniere ordinaire, ils furent oüis le même jour, & le Procés verbal d'Enquête clos le même jour, jusques-là toutes choses étoient en régle du côté de la forme extérieure, l'Ordonnance étoit executée & consommée, le Pere du Plaignant se retira à Bavilliers qui est à une demie lieuë de Belfort, & qui étoit son sejour pendant cette Saison.

L'Accusé & le Sieur de Reinach n'eurent pas lieu d'être satisfaits du succés de cette Enquête, c'est ce qui occasionna les plaintes du Sieur de Reinach cy-devant raportées, c'est dans ce trouble commun qu'on fit inconsiderement assigner plusieurs nouveaux Témoins, qui furent oüis, on ne sçait où ni en quel tems, mais le 5. Octobre l'Accusé partit de Belfort, il parût inopinément dans la même Ville le 8. du même mois & il y reçût les dépositions de quelques Habitans de Pourrentruy.

Si on se rapelle la circonstance de la déposition du Sr François Boug. cy-devant raportée page 15. sur ce que l'Accusé dit à Mr de Reinach *qu'il falloit envoyer chercher des Temoins à Pourrentruy* on ne verra qu'avec horreur que le 5. Octobre 1720. l'Accusé avoit lui-même pris la route de Pourrentruy, ce fait est constaté par la circonstance du titre de la déposition de Maître Pierre Lorain natif de Colommiers en Brie prétendu Témoin oüi à Morvillars, & en marge de laquelle est écrit, OU NOUS NOUS SOMMES TRANSPORTÉS POUR ESTRE LED. PIERRE LORAIN MALADE, signé *Lorain,* Gomé, le Greffier n'a point signé cette Addition, aussi est-il certain & on verra ci-après que l'Accusé n'avoit point été requis de se transporter à Morvillars, & consequemment qu'il n'a depuis suposé cette requisition que pour colorer son voyage de Morvillars qui est sur la route de Belfort à Pourrentruy à une distance à peu-prés égale entre ces deux Villes voisines.

Aprés avoir donc reçû à Belfort les dépositions des nouveaux Témoins de Pourrentruy le 8. Octobre, l'Accusé se trasporte le lendemain 9. dans le jardin du Sr Noblat situé hors la Ville de Belfort, & il y entend quatre autres Témoins ; cette suite de procedure n'étoit qu'un tissu d'intrigue, & il n'est pas étonnant que dans une situation si violente l'Accusé & le Sr de Reinach n'ayent pas prêté leur attention à l'ordre & à la forme de la Procedure, il n'y avoit point eû de nouvelle Ordonnance lachée pour autoriser tout ce qui s'étoit fait depuis l'expiration du terme fixé par l'Ordonnance du 28.

Il n'étoit pas possible de suposer une nouvelle Ordonnance, parce que generalement tous les Exploits d'Assignations avoient été donnés en vertu de celle du 28. Septembre, nonobstant l'expiration du terme qu'elle fixoit & nonobstant le changement du lieu qu'elle avoit indiqué.

Jufque là il n'y avoit que nullité qu'ant à la forme extérieure, le Plaignant avoit acquis un moyen infaillible de faire declarer nulles & faire re-
jetter les dépofitions de 36. Témoins qui n'avoient pas été compris dans
le Procés verbal d'Enquête clôs le 3. Octobre, mais dans la vûë de priver le Plaignant de ce moyen, l'Accufé le 10. du même mois forma le projet d'un nouveau Procés verbal daté du 3. du même mois, & dans lequel
il comprit generalement tous les Témoins par lui oüis jufqu'au nombre de
52. au lieu de 16. feulement qui avoient été affignés à comparoir le trois.
La reprefentation de fon Procés verbal fuffira pour démontrer les égaremens dans lefquels il eft tombé.

*Et ledit jour 3. Octobre pardevant Nous Confeiller du Roy Commiffaire fuf-
dit, étant fur l'Hôtel de Ville de Belfort environ neuf heures du matin eft
comparu ledit Maître Larcher lequel nous a dit, qu'en vertu de nôtredite
Ordonnance, il auroit fait affigner A CE JOUR LIEU, ET HEURE PRE-
SENTE Jofeph Bellot Bourgeois de Belfort âgé de 64. ans ou environ, &c.
Jean Pierre Antoine Martin dit la Taille, &c. Et tout de fuite eft fait mention des noms & furnoms de, 48. Témoins aprés quoi l'énumeration des
Témoins & le Procés verbal eft continué en ces termes : Et finalement
qu'il a fait affigner Benoît Monnier, &c. Jean - François Donzé, &c.
Claudine Cattin, &c. & Jean-Pierre Donnat, &c. Ces quatre derniers à
comparoir en la Maifon fituée dans le Jardin du Sr Noblat Subdelegué de
Mr l'Intendant hors la Ville dud. Belfort proche les Capucins le 9. dudit mois
d'Octobre à caufe d'une pretenduë Fête, que l'on difoit être ledit jour dans
l'Enclos de ladite Ville, tous pour depofer verité en ladite Enquête, & auroit pareillement fait affigner lefdits Srs Ferrier Pere & Fils aux domiciles
de leurs Procureurs pour les voir produire & jurer le tout par Exploit de
l'Huiffier Münts des 28. dudit mois de Septembre, & 2. 3. 4. 5. 7. 8. & 9.
auffi dudit mois d'Octobre, ET ATTENDU LA PRESENCE DES TE-
MOINS, que le tems defdites affignations eft échû ce jourd'hui à neuf heures
du matin, & qu'il en eft même DIX SONNE'ES il nous a requis défaut à
l'encontre defdits Srs Ferrier Pere & Fils non comparans ni Procureur pour
eux, & pour le profit qu'il nous plût RECEVOIR LE SERMENT defdits
Temoins, & ENSUITE proceder à leur audition en la maniere accoûtumée
dont il a requis acte & a figné LARCHER le jeune.*

*Sur quoi Nous Confeiller du Roy Commiffaire fufdit avons donné acte au-
dit Maître Larcher audit nom de fa comparution dire & requifitions & de-
faut contre lefdits Sieurs Ferrier PERE ET FILS non comparans ni Procureurs pour eux, quoique düement affignés & pour le profit ATTENDU LA
PRESENCE DESDITS TE'MOINS & que l'heure des affignations eft échûë
à neuf heures & qu'il en eft ACTUELLEMENT DIX SONNE'ES * or-
donnons qu'il fera par nous prefentement procédé à leur audition le ferment
prealablement par eux prêté, ET A L'INSTANT les ayant fait entrer, avons pris & reçû d'eux fucceffivement à l'abfence defdits Sieurs Ferrier ni perfonne pour eux, le ferment requis & accoûtumé en pareil cas de
bien & fidellement depofer en ladite Enquête & fait rediger leurs dépofitions par écrit par Maître Jofeph Lanier Commis Greffier au Confeil dans un
cahier feparé de nôtre prefent Procés verbal à la referve neanmoins de Pierre
Lorain, Jean Cuënot, Jeanne-Françoife Villin, Pierre Steuret & Marie Courtot lefquels n'ayant pû fe rendre fur la maifon de Ville à caufe de leurs in-
difpofitions, nous nous fommes tranfportés en leurs domiciles où leur ayant fait
preter le ferment de même qu'aux autres Témoins avons procédé à leur audition, & fait rédiger leurs dépofitions dans le même cahier & des nommés Benoît Monnier, Jean-François Donzé, Claudine Cattin & de Jean-
Pierre Donnat que nous avons entendu dans la maifon du jardin dud. Sieur
Noblat, où nous avons été requis de nous tranfporter à caufe de la Fête
que l'on difoit être dans l'enclôs de Belfort, aprés avoir pris & reçû d'eux
le ferment accoûtumé ; fait les jour & an que deffus. ** Tout lefquels Témoins fuf-
dits ont été entendus les 3. 4. 5. 7. 8. & 9 dudit mois d'Octobre fait les jour & an que deffus.*
GOME', LANIER.

* Tous ces
termes defig-
nent invinci-
blement le
lieu de l'Hô-
tel de Ville
de Belfort,
& pour tems
celui des dix
heures du
matin du jeu-
dy 3. Octo-
bre 1720.
tout y eft fui-
vi dans un
feul & mé-
me contexte.

** Ces mots:
Fait les jour

& an que
deſſus : ſont
raturés dans
la minute ,
& ſont ſuivis
de l'interli-
gne en petits
caraĉteres ci
figurée, & ſi
ſerrée qu'el-
le eſt embar-
raſſéedansles
traits de la
fignature de
l'Accuſé.

Article 36. de l'interrogatoire ſubi par l'Acuſé. *A lui repreſenté que dans le Procés verbal du trois Oĉtobre on a fait une àlteration malicieuſe en ajoûtant audit Procés verbal ces mots; tous leſquels ſuſdits Témoins ont été entendus les 3. 4. 5. 7. 8. 9. & 10. dudit mois d'Oĉtobre, & ſi ce n'eſt pas aprés coup, & à Colmar que la rature des mots : fait les an & jour que deſſus : a été faite.*

Repond que le long tems qui s'eſt écoulé depuis ledit Procés verbal juſqu'à preſent ont EFFACE' DE SA ME'MOIRE les raiſons qui ont pû donner occaſion à la rature & à l'addition, qu'il ignore PAR QUI tout cela a été fait, mais qu'il ne voit pas quel prejudice ce changement pourroit faire aux Parties, d'autant que les Temoins aſſignés poſterieurement au 3. Oĉtobre ont tous prêté ferment à la forme ordinaire, qu'il a fait rediger leurs depoſitions avec exaĉtitude & de la maniere dont les Temoins s'etoient expliqués.

La mémoire de ces faits lui étoit toute preſente dans la premiere origine de la priſe à Partie, mais il n'y a pas eu entre cet interrogatoire & la compoſition de ſon Faĉtum un eſpace de tems aſſés conſiderable, pour lui avoir fait oublier le 22. Janvier 1732. une circonſtance qu'il a avoüé dans ſon Faĉtum imprimé en Decembre 1731. & où il reconnoît page 91. que cette addition eſt de ſon fait, il en tire même avantage; *c'eſt ſur quoi Mr Gomé, dit-il, ne laiſſe aucun doute par ces termes qui ſe trouvent à la fin de ſon Procés verbal : tous leſquels ſuſdits Témoins ont été entendus les 3. 4. 5. 7. 8. 9. & 10. dudit mois d'Oĉtobre.*

On verra avec étonnement, que quoique dans ce Faĉtum l'Accuſé ſe ſoit épuiſé l'imagination pour ſauver les irrégularités de cette conduite ſes ſophiſmes l'ont néanmoins imperceptiblement conduit à la concluſion même que le Plaignant lui a toûjours opoſé, & qu'il a dit réſulter du tiſſu de ſa Procédure,

Avant de réfuter ce raiſonnement on obſerve que l'Accuſé par ſes réponſes aux 31. 32. & 33. interrogats qui lui ont été formés avoüe : *Qu'il n'y a eu que 16. Temoins aſſignés à comparoir le 3. Oĉtobre ſur l'Hôtel de Ville de Belfort,* & dit, *que c'eſt s'attacher avec trop de ſcrupule aux termes dans leſquels ſon Ordonnance eſt conçûë, que de vouloir en conclure, que le Sieur Ferrier a ignoré les Temoins qui ont été aſſignés poſterieurement au 3. Oĉtobre* & enfin *qne les contradiĉtions qui paroiſſent réſulter des aĉtes dont il s'agit n'alterent en aucune façon la verité, puiſque tous les Temoins ont prêté ferment, &c.*

* *Recapitu-
lation des
moyensdiffus
de l'Accuſé.*

* On tient un langage tout autre dans le Faĉtum pages 85. 86. 87. 88. 89. mais en réſumant dans la page 90. tous ces grands raiſonnemens l'Accuſé fait cet aveu : *Le Procés verbal commencé le 3. Oĉtobre n'a été fini en ce qui regarde les remontrances du Procureur Larcher que le 9. du même mois, & en ce qui regarde Mr Gomé que le lendemain jour de l'audition du dernier Témoin; voici ce que Mr Gomé a déclaré ſur les remontrances du Procureur Larcher : Sur quoi Nous Conſeiller du Roy, Commiſſaire ſuſdit avons donné aĉte, &c.*

C'eſt-à-dire qu'à chaque nouvelle produĉtion des Témoins il y a eu une nouvelle comparution & de nouvelles requiſitions du Procureur, & que l'Accuſé y a fait droit, cela eſt vrai & ces obſervations prouvent la vérité de ce que le Plaignant a dit, que le 3. Oĉtobre le Procureur de Mr de Reinach fit ſes requiſitions, & que l'Accuſé y fit droit le même jour troiſiéme Oĉtobre, jour auquel le Procés verbal fût clôs, mais ce premier Procés verbal a été ſuprimé pour couvrir la nullité de la continuation de l'Enquête. *

* *Motif de
la ſupreſſion
du veritable
Procésverbal
du 3. Oĉtob.
1720.*

Le ſecond Procés verbal ſubſtitué au premier ne peut s'accorder ni avec la vérité ni avec le propre ſiſtéme de l'Accuſé;car s'il faut diviſer & diſtinguer les differentes produĉtions, comparution & requiſitions,chacun de ces aĉtes doit être diſtinĉt & ſéparé, & par continuation il doit être ſeparement fait droit ſur chacune de ces comparutions & requiſitions.

Il ne ſe trouve rien de tout cela dans la ſupoſition des differentes requiſitions

fitions faites à l'Accufé , ce n'eft qu'aprés avoir raporté dans un feul & mé-
me contexte tous le noms des 52. Témoins, que commence le premier
inftant des requifitions de Procureur : *& attendu la prefence defdits Témoins
que le tems des affignations eft échû ce jourd'huy à neuf heures du matin &
qu'il en eft dix fonnées , il nous a requis défaut à l'encontre defdits Srs Fer-
riers Pere & Fils non comparans ni Perfonne pour eux, & pour le profit
qu'il nous plût recevoir le ferment defdits Témoins & enfuite proceder à leur
audition en la maniere accoûtumée, dont il a requis acte & a figné.*

Peut_on ne pas voir que l'état & la clôture de ces requifitions préfupo-
fent. 1o. Que les conclufions qui y font énoncées ont été prifes le 3. Octobre 1720. à dix heures du matin fur l'Hôtel de Ville de Belfort . 2º. Qu'elles font fupofées faites avant toute audition de témoins , puifque pour profit du défaut le Procureur demande qu'il plaife à Monfieur le Commiffaire recevoir le ferment des Témoins *& enfuite*, ajoûte ce Praticien, *proceder à leur audition en la maniere accoûtumée.* En tout cela on ne voit
rien qui puiffe s'ajufter à la date du 9. Octobre, parce que ce feroit cho-
quer le fens des requifitions dans lefquelles le Procureur expofe que fa Partie ne defire faire procéder à l'audition des témoins en la maniere accoû-
tnmée qu'en confequence du défaut qu'il demande au préalable être prononcé
contre le Plaignant.

L'Accufé s'égare dans fes propres fophifmes : *Les requifitions du Procureur,*
dit-il , *n'ont été formées que le 9. du mois d'Octobre* : il n'a donc requis l'Accufé de proceder à l'audition des Témoins que le 9. Octobre , c'eft donc
d'Office que l'Accufé a commencé à recevoir les dépofitions le 3. & les
jours fuivans : *il étoit aifè de prevoir ces requifitions, parce que Ferrier n'a
point comparu fur l'Hôtel de Ville le 3. Octobre , dés-la il avoit encouru la peine du défaut.* La non comparution eft bien la matiere fur laquelle tombe
le défaut mais elle n'eft pas le défaut même, parce que le défaut n'eft pas
immédiat, il émane du miniftere & de la prononciation du Commiffaire & il
étoit d'autant moins permis de proceder avant cette prononciation,que la Partie même a formellement requis cette prononciation de défaut comme un
préalable de l'audition des Témoins , ce font les termes des requifitions
& fi elles n'ont été faites que le neuf , elles contiennent un defaveu de la
Partie de tout ce que l'Accufé a fait depuis le trois jufqu'au neuf * *C'eft
s'attacher avec trop de fcrupule aux contradictions qui paroiffent refulter de ces
actes , qui ordinairement font dreffées de concert entre le Greffier & le Procureur de la Partie qui produit les Témoins.* Dans toute cette procedure n'y
a-t'il pas au moins eù quelqu'inftant où l'Accufé ait pû & dû diftinguer
les qualités de Partie , & les feparer de celles d'un Juge & d'un Commiffaire ; mais du moins doit-on marquer un tems & un lieu aufquels le défaut a été requis & prononcé, ce n'a pas été le 3. Octobre ni fur l'Hôtel
de Ville de Belfort, parce que la requifition n'a pas été faite avant le neuf
elle n'a pas non plus été faite le neuf, & le défaut n'a pas été prononcé
le neuf dans le jardin du Sieur Noblat faute par le Plaignant d'y avoir comparu ; parce qu'il n'avoit pas été affigné à y comparoir ni le neuf ni tout
autre jour, où a t'il donc été requis & prononcé : *Ferrier eft un impudent
fon raifonnement contient une ignorance craffe, fuffit que Mr Gome ait fidellement redigée les depofitions, l'improcedure n'eft que dans la Tefte fole
de Ferrier, elle n'a jamais exifté que dans fon imagination frapée , &c.*

Ce n'eft pas réfoudre la queftion, c'eft avoüer qu'on ne peut pas indi-
quer la prétenduë divifion que l'Accufé fupofe être diftincte & feparée
& fur tout qu'on ne peut pas marquer l'inftant auquel l'Accufé eft entré ju-
ridiquement dans fes fonctions pour proceder à l'Enquête.

On voit qu'il s'eft écarté de la régle à l'occafion de la recherche des nouveaux Témoins, à l'occafion de fon voyage fufpect de Movillars, & à l'occafion de la tranflation de fon Auditoire, comme tout cela fe faifoit dans
le trouble & dans la confternation, on ne s'eft aperçû de l'irrégularité, qu'a-
prés qu'elle étoit déja encouruë, & comme en matiére d'Enquête tout eft

** Défaveu
confequent
d'une partie
des Procedu-
res faites par
l'Accufé.*

Q

de rigueur, le Plaignant avoit un moyen acquis de faire déclarer nulle celle de Mr de Reinach, mais pour le priver de ce moyen, l'Accusé a dreffé fon Procés verbal fupofé clos le 3. Octobre jour de l'écheance de l'affignation.

Envain l'Accufé tente-t'il d'infinuer qu'en fait d'Enquête le Confeil Souverain d'Alface a un ufage particulier, le Plaignant qui jufqu'à prefent ne s'eft point reftraint à de fimples négations toutes peremptoires qu'elles puiffent être, n'hefite point de démontrer la fauffeté de cette fupofition.

1°. Il y a au Procés la preuve de l'étroite obfervance de forme la generale fuivie au Confeil Souverain d'Alface en matiere d'Enquête, elle réfulte de la forme de l'Enquête fur faits juftificatifs, fans parler des deux differentes Ordonnances données par Monfieur Garnier pour proceder à l'audition des Témoins de Colmar on obfervera feulement que ceux de Belfort furent oüis à Belfort depuis le 6. jufqu'au 12. Octobre 1723. tous ces Témoins oüis dans une même Ville, fur mêmes faits, & pardevant un même Commiffaire ont été produits en trois differens tems, & il y a eu trois differens Procés verbaux dreffés diftinctement par forme de continuation, pourquoi ce Commiffaire après fon Ordonnance du 30. Septembre 1723. en a-t'il donné une du 8. Octobre? parce que le 6. & le 7. du même mois il avoit oüi tous les Témoins qui avoient été affignés & produits en vertu de fon Ordonnance du 30 Septembre précedent & parce que quant à ce fon Procés verbal étoit clos. Pourquoi a t'il encore dans la même Ville & aux mêmes fins décerné fon Ordonnance du 11. Octobre? parce qu'il avoit déja clos fon Procés verbal de la comparution & production faite en vertu de l'Ordonnance du 8. du même mois. Il eft bien vrai que tous ces actes réünis forment la totalité du Procés verbal d'Enquête, mais c'eft en tant qu'ils font fuivis, au refte ils font en particulier diftincts, féparés & clos chaque jour des écheances indiquées par les Ordonnances aufquelles ils font relatifs.

2°. Si le Confeil Souverain d'Alface avoit un ufage particulier, l'Accufé n'en n'auroit-il pas raporté des actes de notoriété depuis que le Procés eft renvoyé à la Cour? ne trouveroit-il pas encore une plus folide juftification dans les exemples? il y a dans le Greffe du Confeil Souverain d'Alface des milliers de minutes d'Enquêtes, raporte-t'il l'expédition d'un feul Procés verbal aprochant de la forme du fien.

3o. Le Confeil Souverain d'Alface ne peut pas avoir ignoré fon propre ufage, cependant il paroît qu'il a été indigné du contenu au Procés verbal dreffé par l'Accufé, & en joignant cette piéce au Procés enfemble les actes fur lefquels elle eft fupofée être fondée il s'eft expliqué en ces termes dans le difpofitif de fon Arrêt du 9. Juillet 1729. & *demeureront jointes au Procés les Piéces ci-deffus énoncées enfemble, &c. Le Procés verbal d'Enquête commencé le 28. Septembre & CLOS le 3. Octobre 1720. les minutes des Enquêtes du mois d'Octobre 1720. & Fevrier 1721. l'Ordonnance donnée au Procureur du Sr de Fouffemagny le 28. Septembre 1720. & les Originaux des Affignations données en confequence à Ferrier & aux Temoins ledit jour 28. Septembre 2. 3. 4. 7. 8. & 9. Octobre de la même année.* Cette Cour a donc défigné le Procés verbal comme fupofé clos le 3. Octobre 1720. tant parce que dans la forme cette clôture devoit avoir été faite le 3. Octobre rélativement à l'Ordonnance, qui en avoit fixé le terme, que parce que l'Accufé lui avoit donné cette date, & le Confeil Souverain d'Alface a joint au Procés les Originaux des affignations, comme une preuve écrite de la fauffeté de la date de cette clôture.

L'ufage du Confeil Souverain d'Alface eft donc fur ce point uniforme à l'ufage general, l'Accufé devoit d'autant plus étroitement s'y conformer, qu'il s'étoit abfenté de Belfort à l'occafion de fon voyage de Morvillars, on a déja obfervé que ce Village eft fitué fur la route qui conduit de Belfort à Pourrentruy à une diftance à peu prés égale entre ces deux Villes, on faifoit venir de Pourrentruy quelques Témoins, que l'on a ci-devant vû avoir été indiqués par l'Accufé, ces Témoins pafferent à Morvillars le

7. Octobre l'Accusé s'y trouve le même jour, ce qui est prouvé par le postille mis en marge de la déposition de Maître Pierre Lorrain portant que l'Accusé s'est transporté à Morvillars : pour être ledit Pierre Lorrain malade, cet apostille n'est signé que par l'Accusé & Maître Pierre, le Greffier n'y a pas aposé sa signature.

Il faut observer que cet apostille n'a été fait qu'aprés coup, car dans l'acte de comparution & requisition du Procureur de Mr de Reinach, ce Maître Pierre est désigné comme ayant été produit sur l'Hôtel de Ville de Belfort, & qu'il n'y a aucune réquisition tendante à ce qu'il plût à l'Accusé se transporter à Morvillars, d'où il suit qu'il a fait ce voyage de son propre mouvement sans en avoir été requis, cela est si vrai qu'aujourd'hui il est obligé de suposer que Mr de Reinach ne lui en avoit fait que verbalement la réquisition, cet aveu résulte de la réponse au 35. interrogat qui lui a été formé. *Interrogé pourquoi il est fait mention dans le Procés verbal de production faite à Belfort de Pierre Lorrain 39. Temoin de l'Enquête du Sr Comte de Reinach, puisque dans la deposition dudit Pierre Lorrain reçûë le 7. Octobre à Morvillars il est dit que ce Temoin étoit malade, & que c'étoit pour cette raison qu'il l'alloit entendre à Morvillars. Repond que lorsque le Procureur du Sr Comte de Reinach fit énoncer la production de tous les Temoins qui devoient deposer à Belfort, il croyoit que ledit Pierre Lorrain s'y rendroit, mais sur ce qu'il ne comparu pas ledit Sr Comte de Reinach dit au Repondant que ce Temoin n'étoit pas venu parce qu'il étoit malade, qu'alors il lui fit requisition de se transporter sur les lieux pour l'entendre, à quoi le Repondant défera comme on le voit à la tête de la deposition de ce Temoin.* & qu'en cela il n'a point crû ommettre la moindre irregularité.

Cette réponse supose que Pierre Lorrain avoit été assigné à comparoir à Belfort, on a donc suprimé l'Exploit d'assignation qui lui avoit été donné à cet effet, & on a eu l'imprudence d'y substituer un autre Exploit d'assignation daté de Morvillars du 7. Octobre, date de la déposition même de Maître Pierre, il n'est pas possible de présumer que l'Accusé se soit transporté à Morvillars sur le motif de cet Exploit, qui ne pouvoit pas encore exister dans le tems qu'il est parti de Belfort pour se rendre à Morvillars, il n'a pas été requis de s'y transporter, ce n'est qu'en marge de la déposition qu'il est fait mention de la prétenduë nécessité du voyage, ce n'a donc été que pour y ajuster cette suposition que dans le tems que l'Accusé étoit déja à Morvillars l'Huissier de concert a dressé l'Exploit d'assignation imprudemment daté du 7. pour le substituer à l'Exploit qui précédemment avoit été donné à ce Témoin trouvé peut être dans la Ville même de Belfort, ou ailleurs qu'à Morvillars.

Si donc on a été obligé de travailler d'imagination pour colorer le voyage de l'Accusé on ne peut qu'en conclure qu'il a eu un motif autre que celui qu'il s'est efforce de colorer, & comme il n'est pas douteux que les Témoins de Pourrentruy ne soient parti de chés eux le 7. Octobre & n'ayent passé le même jour à Morvillars parce que le lendemain 8. ils ont été entendus à Belfort, le mistere du voyage de l'Accusé ne peut être developé que par les considerations des dépositions des Srs François Boug & François Noblat, ci-devant raportées pages 15. & 16. & desquelles il résulte que l'Accusé a dit à Mr de Reinach que l'on trouveroit des Témoins à Pourrentruy, & que Mr de Reinach a avoüé qu'un Conseiller l'avoit assûré de lui fournir des Témoins, le voyage de l'Accusé n'a donc pas eu d'autre objet que la recherche des Témoins de Pourrentruy, ce qui ne tombe pas moins sur la partialité que sur la fausseté du Procés verbal.

Réputation de l'Accusé

SI'IL pouvoit encore être douteux que l'Accusé soit un membre abandonné & désavoüé par son Corps, & mal famé dans toute la Province d'Alsace, ses écrits leveroient le doute & l'éclairciroient contre lui ; les efforts qu'il fait pour perfuader que les imprécations du public contre lui font injuftes, ne font-ils pas un aveu très-formel de l'exiftance & de la réalité de ces imprécations publiques?

C'eft ignorer la nature & l'effence de la réputation que de vouloir monftrueufement intimer le public fur l'apel du Jugement qu'il a porté; c'eft dans ce Jugement que réfide fouvrainement la réputation, il eft dans fon effence où le témoignage de la vertu, dans fes effets il en eft la récompenfe la plus précieufe & la plus délicate, où il eft le témoignage du déréglement, il en devient la peine la plus prefente & la plus accablante.

Depuis longues années l'Accufé a fait une trifte expérience de la force inalterable de ce Jugement; envain lui a-t'il opofé les fecours de la violence & de l'autorité la plus abfoluë; les évenemens extraordinaires dont il s'eft prévalu n'ont pas pû le juftifier; les garans de fon impunité ne furent pas ceux de fon innocence; les effets & les caufes de cette impunité excitérent contre l'Accufé un nouveau Jugement qui s'étendit jufqu'à fes plus puiffans protecteurs.

Le mépris de la réputation eft un pronoftic de la dépravation, on ne peut commencer à la méprifer que quand on a ceffé de la conferver; les Informations faites à la Requête de Monfieur le Procureur Général n'intereffent le Plaignant qu'autant qu'on affecte de lui imputer la perte que l'Accufé a fouffert de fa réputation, il l'avoit fait cette perte long-tems avant la prife à Partie, cela n'eft pas moins conftaté par des preuves écrites que par celles qui réfultent de l'Information du mois d'Aouft 1729.

* Il réfulte de l'Arrêt du 18. Avril 1696. que l'Accufé étoit pour lors Commis-Greffier au Confeil Souverain d'Alface; par cet Arrêt intervenu fur un Procés ordinaire entre l'Accufé & le Greffier en Chef, il fut incidemment permis de faire informer des Concuffions prétenduës commifes par l'Accufé au préjudice des Parties dans l'exercice du Greffier.

L'Accufé apaifa fon Accufateur, & il vient de produire un Certificat du Greffier du Confeil Souverain d'Alface en date du 8. Octobre 1730. portant: *Qu'aprés une exacte recherche faite dans les Minutes du Greffe de l'année 1696. il n'a trouvé aucune information concernant le fait porté par l'Arrét rendu entre feu Me Jacquinet Greffier en Chef audit Confeil, & Me Jean-Baptifte Gomé le 11. Avril de ladite année 1696. & pour raifon duquel il a été permis à Mr le Procureur Général de faire informer, en foy de quoi*, &c.

Il n'étoit pas néceffaire de produire ce Certificat, parce qu'il n'en réfulte autre chofe finon que l'Accufé ne s'eft point juftifié d'une accufation auffi grave que l'étoit celle de Concuffion, cette accufation ne lui avoit pas été inconnuë, elle avoit été formée dans le cours d'un Procés civil, & admife par un Arrêt contradictoirement rendu entre les Parties, & c'eft parce que cet Arrêt n'a été fuivi d'aucune information, qu'il eft évident que l'Accufé a fléchi & apaifé fon Accufateur, & qu'il obtint grace d'autant plus facilement que le Confeil Souverain d'Alface fut transferé de la Ville de Brifack en celle de Colmar, ce qui occafionna beaucoup de confufion dans dans la fuite des affaires.

L'Accufé fe prefenta en 1701. pour être reçû à l'Office de Garde des Sceaux de la Chancellerie établie par le Confeil Souverain d'Alface; mais on n'avoit pas encore oublié l'Arrêt du 11. Avril 1696. l'Accufé page 7. de

fa Requête imprimée & préfentée au Confeil d'Etat le 27. Août 1728. * avouë que l'on s'opofa à fa Réception, il eft vrai que pour pallier le motif de cette opofition il ajoûte: *Que l'on demanda & que l'on obtint de Sa Majefté la réünion de cet Office au Corps à charge de rembourfer la finance.*

Les caufes de cette opofition étoient au contraire fi perfonnelles à l'Accufé, que Mr Favier fut pourvû de cette Charge, & qu'elle eft actuellement poffedée par Mr Salomon qui fut reçû en 1705. il eft donc fupofé contre verité qu'elle ait jamais été unie au Corps, & conféquemment ce n'eft pas le motif fupofé de cette prétenduë union qui a fait celui de l'opofition à la reception de l'Accufé. Mais

Mais, dit-on, si la conduite de l'Accusé avoit été suspecte l'auroit-on reçû en l'Office de Conseiller ? Cette réception a été faite dans des circonstances trop tristes & trop malheureuses pour pouvoir tirer à conséquence; c'est en 1707. que l'Accusé fut reçû, l'image des malheurs de ces tems-là est encore toute presente, la Province d'Alsace étoit de toutes parts obsedée par les Ennemis, le Conseil Souverain d'Alsace depuis l'année 1681. jusqu'en ces tems avoit été transferé en trois differens endroits, les membres de cette Compagnie avoient souvent été obligés de se retirer dans des lieux de sûreté; c'est dans ces circonstances que l'Accusé acquis son Office pour une somme modique de dix mille livres, se presenta brusquement & fut reçû dans un tems de malheur & de confusion.

Il ne doit pas en induire une justification, encore moins supofer comme il fait page premiere de son Factum, que depuis trente années qu'il est pourvû d'un Office de Conseiller il a joüi d'une réputation, qui n'avoit jamais souffert d'atteinte, reçû en 1707. il étoit dans la quatorziéme année de son exercice lorsqu'il s'est si injustement élevé contre le Plaignant ; mais avant les suites de cette affaire, le public l'avoit déja hautement accusé, & il n'a pas pû dans son Factum assés déguiser l'état des preuves pour en suprimer totalement les vestiges du jugement que le public avoit dés long-tems porté contre lui.

Le Plaignant qui n'a jamais eû communication de ces Procédures ne peut en raisonner que sur la foy du Factum de l'Accusé, encore y paroit-t'il qu'il a suprimé plusieurs dépositions en entier, entre celles qu'il a raporté on en trouve 22. qui sont relevantes sur le fait de sa réputation, entre ces 22. il y a 11. qui parlent nuëment de sa mauvaise Réputation, les 11. autres y ajoûtent des faits trés-graves.

Ceux qui parlent nuëment de la Réputation sont, le Sr François Noblat. *Qu'il a oüi dire de bien des personnes, même avant le Procés mû entre le Sr de Foussemagny & Ferrier, que Mr Gomé étoit un Homme dangereux dans les fonctions de sa Charge, & plus à craindre qu'à être aimé*: le Sieur Jacques Rieden ancien Avocat au Conseil: *Que dans le Public on parloit peu favorablement de Mr Gomé, sans cependant se souvenir de qui il l'a entendu* * *que les discours peu favorables rouloient sur le Buffet de Mr Gomé, que l'on apelloit le Buffet D'INIQUITE', & que la plûpart des Parties se PLAIGNOIENT de mondit Sr Gomé.* Le Sieur Alexandre Cannac : qu'il a oüi dire dans le Public sans pouvoir se resouvenir de qui, que Mr Gomé avoit un Buffet garni de Vaisselle d'Argent, laquelle ne lui avoit pas coûté grand argent. La Demoiselle Dorothée le Febure : *qu'elle a oüi dire dans le Public sans se resouvenir de qui, que Mr Gomé n'y avoit pas une trop bonne réputation, & que c'étoit un Homme à craindre* : le Sieur Jean-Baptiste Chauffour : *Qu'il a oüi dire dans le Public que la compagnie de Mr Gomé étoit dangereuse, & qu'il étoit à craindre.* Demoiselle Marie Elisabeth le Febure Femme du Sr Cuënin : *Qu'elle a oüi dire à plusieurs personnes que Mr Gomé n'avoit pas une bonne renommée.* La Dame Marie Ursule Courtot. *Qu'elle a oüi dire dans le public que si on recherchoit la conduite de Mr Gomé on trouveroit bien des choses contre lui.* Jean-Jacques Cuënot. *Que le Public disoit même qu'il y a long-tems qu'on devoit mettre Mr Gomé dehors, & que le Pere du Deposant lui dit qu'il avoit crû Mr Gomé autre qu'il n'étoit* Le Sr Jean-Pierre Noblat. *Qu'il a oüi dire que le Buffet de M. Gomé contenant sa Vaisselle d'argent étoit rempli du tiers & du quart, & que si chacun reprenoit son morceau ou sa piece il ne lui en resteroit pas grand chose.* Le Sr Jean François Vernier. *Qu'il a oüi dire de differentes personnes que l'on ne faisoit pas grand cas de Mr Gomé, & qu'il étoit à craindre, qu'il a oüi dire à Paris par le Sr de Tennes ci-devant Conseiller à Ypres que Mr Gomé étoit un Fourbe & que le Deposant le croit tel.* Le Sr François Jonner. *Qu'il a oüi par le bruit public que Mr Gomé n'étoit pas trop bien famé.* François Bussiere. *Qu'il a eû en 1718. un Procés au Conseil contre la Communauté de Denney, dont Mr Gomé étoit RAPORTEUR, &c. Qu'il* promit à la servante de Mr Gomé deux Loüis d'or si elle pouvoit faire que son Procès se terminât bien-tôt, que le lendemain étant retourné chés Mr Gomé, il lui dit de vouloir bien l'avertir s'il manquoit quelque chose à son Procès que pour ses peines il lui donneroit deux Loüis d'or, sur ce Mr Gomé remit un état de ce qui manquoit à son Procès, avec défenses de ne point dire qu'il tenoit ledit memoire de lui, lequel il mit à Simmotel l'aîné son Procureur, que le Procès étant jugé il voulut effectuer sa promesse dans la Salle basse du Palais, & en les lui presentant, il lui dit qu'il n'avoit qu'à les remettre à sa servante, ce qu'il fit. Ce Témoin ajoûte : *Qu'un jour se trouvant devant chés Mr Gomé ou le nommé Marchand qui avoit un Procès au Conseil duquel Mr Gomè étoit* RAPORTEUR, *faisoit decharger une Feüillette de vin de Bourgogae, le Deposant a aidé à la decharger, qu'en la dechargeant il dit audit Marchand en langue du Païs qu'aparemment il en faisoit present, sur quoi il fut repliqué, que t'embarrasse-tu pourvû que je gagne mon Procès* & *ce en presence de la servante de Mr Gomé.* Le Sr Jean-Claude Chapuis raporte le récit que lui avoit fait Bussieres des faits ci-dessus énoncés, & quant aux deux Loüis d'or promis en particulier à la servante de l'Accusé & lesquels Bussieres ne donna pas il ajoûte : *Que la servante de Mr Gomè ayant rencontré Bussieres quelques jours après, elle lui dit trompeur, à quoi il lui repliqua, on fait ce que l'on peut.*

Le Sr François Leopold de Roppe: *Que le Deposant ayant un Procès* AU RAPORT *de Mr Gomé sur lequel est intervenu un contesté plus amplement, le Deposant étant venu par après chés Mr Gomé pour le remercier, il dit au Deposant, vois-tu mon cher ami il n'a tenu qu'à moy que le Procès se terminât au fond,* & *j'aurois gagné* 40. *écus, mais que pour un ami c'étoit une bagatelle.* Le Témoin a senti toute l'énergie de ce discours.

Le Sr Jean-Baptiste Golberi: *Que sollicitant avec Mr Golberi son Pere Greffier en chef sa reception de Conseiller une Dame de cette Ville dit en sa presence à son Pere que pour avoir la voix de Mr Gomé, il falloit lui offrir une certaine somme d'argent,* & *sur les difficultés après la proposition faite de la part de la Dame, on lui repliqua* QU'IL FALLOIT EN VENIR AU FAIT, & *que par-là la voix de Mr Gomé seroit assûrée, que le Deposant ne sçait pas si son Pere l'a fait ou non.*

Le Sr Silvain Golberi: *Que sollicitant la reception de Me Golbery son Fils, il se trouva dans la compagnie d'une certaine personne sans vouloir la nommer, laquelle lui dit qu'il ne feroit point mal de promettre une certaine reconnoissance à Mr Gomé, en cas que son Fils soit reçu, sans cependant que le Deposant l'ait fait.* Le Sr Golberi dans cette derniere partie étoit trop prudent pour porter un témoignage contre lui-même, & contre son Fils ; mais le Conseil donné aux solliciteurs démontrent la mauvaise réputation de l'Accusé, c'est sur ses interpellations que l'on a nommé la Dame qui est la femme de feu Derozier Procureur de l'Accusé, son compatriote & son confident, il paroit au Procès que Derozier étoit Procureur de l'Accusé, & qu'après le decés de Derozier l'Accusé fut assigné en constitution de nouveau Procureur, la proposition étoit donc faite par l'entremise des confidens de l'Accusé.

La déposition de Toussaint Marchand telle qu'elle est raportée par l'Accusé represente tous les mouvemens du combat entre les devoirs de la Religion & les motifs de sa propre sûreté, non moins prévoyant que le Sr Golbery Pere & en garde du côté de la Partie contre laquelle il avoit obtenu un Arrêt au raport de l'Accusé il s'explique ainsi : *Qu'un mois après le Jugement il renvoya une feüillette de vin de Champagne à Mr Gomé, lequel* DIX-HUIT MOIS APRE'S *la reception d'icelle manda par lettre au Deposant, qu'il n'avoit pas voulu recevoir la pièce* & *qu'il l'avoit envoyée à l'Hôpital de Colmar, que l'envoi de la piece de Vin de Champagne s'est fait en 1719.* & *ce au commencement de lad. année* * *que Mr Gomé n'a cependant rien demandé au Deposant ni avant ni après le Jugement,* & *que le Deposant a fait cet envoi de son propre mouvement, que le Deposant a per-*

du *&* *égaré cette lettre ne pouvant la representer* : Le fait eſt avoüé entre le Témoin & l'Accuſé, celui-ci ſe plaint de ce que le Témoin fait deſcendre de 18. mois l'époque de ſon ſcrupule, Buſſiere qui n'avoit aucun interêt de déguiſer le fait s'explique contre l'Accuſé & contre Marchand; c'étoit avant le Jugement du Procés de Marchand qu'il lui a aidé à décharger la piéce, & c'étoit ſi bien avant le Jugement que Marchand lui dit : *De quoi t'embarraſſes-tu pourvû que je gagne mon Procés.* L'Accuſé dans ſon Interrogatoire dit : *Qu'il envoya la piece à l'Hôpital de Colmar, qu'il en tira un Recepiſſé du Receveur,* & *qu'il envoya ce Récépiſſé à Marchand?* pourquoi l'envoyer à Marchand : n'étoit-ce pas la propre décharge de l'Accuſé? Mais ce Reçû eſt perdu, & que ſont devenus les Regiſtres de la Recette & des Comptes de l'Hôpital? l'Accuſé s'eſt embarraſſé ; ſa réponſe découvre aſſés le miſtére dont Buſſiere a donné l'explication naturelle.

Le Sieur George-Chalapaur Stettmeiſter ne parle pas de ſon propre fait, mais de celui du feu Sr Jean-Nicolas Arnold oncle du Dépoſant, lequel ayant un Procés dans la Colonne où Mr Gomé étoit de ſervice mondit Sr Gomé reçû pareillement de Jean Arnold un Tonnelet de Vin. Cette connoiſſance eſt aſſés immédiate puiſque le Rétribuant étoit oncle du Témoin, qu'il logeoit chés lui dans le tems du Procés.

La protection que l'Accuſé accordoit à Hirtz Rheinaud Rabin de Soultz fameux Uſurier eſt honteuſe, non content de l'avoir protegé, & ſouſtrait de la peine des Galeres, il a voulu ſacrifier à cet infame la fortune d'un jeune Homme qui pendant ſa minorité avoit eû la facilité de ſe laiſſer ſurprendre, le piége tendu par l'Accuſé à ce jeune homme pour l'engager depuis ſa majorité à une reconnoiſſance ou ratification réſulte de la dépoſition du Témoin : *Dépoſe. Qu'ayant Procés avec le Rabin de Soultz au ſujet d'une obligation, pendant qu'il ſollicitoit le Jugement de cette affaire laquelle devoit être portée à l'Audiance de la ſeconde Chambre, Mr Gomé étant pour lors de Service à la premiere, il ſit rencontre de Mr Gomé qui lui demanda comment alloit ſon affaire? & ſur ce le Depoſant lui dit qu'il ſollicitoit un Jugement diffinitif, il lui repliqua que ſon affaire n'étoit bien entamée, & qu'il étoit entre les mains d'un Avocat qui ne le conſeilloit pas bien, que s'il vouloit ſuivre ſes conſeils IL LE METTROIT EN BEAU CHEMIN, le Dépoſant y ayant conſenti il entra chez Mr Gomé lequel lui dicta un modele de procedure, qu'il devoit faire, que même Mr Gomé lui corrigea quelques mots dans ledit modele, & qu'il devoit le faire ſignifier au Juif ſa Partie adverſe, & QU'APRES LA SIGNIFICATION d'icelui, il obligeroit ce Juif à ſe porter à un accommodement, & qu'il feroit faire au Juif CE QU'IL VOUDROIT, diſant au Depoſant que ce Juif dans le Procés Criminel qu'il avoit eû n'étoit REDEVABLE qu'à lui, Mr Gomé d'avoir E'CHAPE' les Galeres* mais le Dépoſant ayant conſulté ſon Avocat, il lui dit de bien ſe garder de faire ſignifier cette piéce, ſans quoi IL SEROIT PERDU que même il lui ARRACHA L'ACTE DE CRAINTE qu'à ſon inſçû il ne le faſſe ſignifier.*

On a produit au Procés l'Arrêt du Conſeil Souverain d'Alſace en date du 10. Mars 1727. par lequel non ſeulement l'obligation paſſée au profit du Juif fut annullée avec dépens, mais encore il fut réſervé à Mr le Procureur General de prendre contre le Juif & ſes Témoins telles requiſitions qu'il aviſeroit bon être. L'Avocat avoit donc juſtement été indigné du Conſeil affreux que l'Accuſé avoit donné à ſon Client.

L'Enquête faite par l'Accuſé contre le Plaignant n'a pas été la ſeule dans laquelle l'Accuſé ait tenté de favoriſer l'une ou l'autre des Parties, on en trouve un exemple bien remarquable dans la dépoſition du Sr Jean-Jacques Brueder Avocat au Conſeil Souverain d'Alſace, & Secretaire Interprête qui en cette derniere qualité avoit aſſiſté à cette Enquête dont une Partie des Témoins étoient Allemands : Il dépoſe. *Que s'étant trouvé un jour chez Mr Gomé qui étoit au mois de Janvier de l'année derniere (1728.)*

en qualité de Secretaire Interprêtre dans une Enquête que Mr Gomé faisoit contre le Sr de la Sabliere & des Particuliers de cette Ville, Mr Gomé demandoit aux Témoins choses qui sembloient au Depofant être inutiles, & que le Depofant A JUGE' *que Mr Gomè pouvoit bien être porté pour le Sr de la Sabliere & qu'au sortir de chez Mr Gomè, il dit à Lang* · *Que* DE LA MANIE'RE *que les choses se sont passées : Le Depofant* A EU ENVIE DE SE RETIRER , *c'est un Avocat qui parle, Homme en état de juger dès moyens de suggestion.*

Ce n'est pas aussi seulement au préjudice du Plaignant que l'Accusé a été enclin à faire écrire des Lettres anonimes, on en trouve une preuve dans la suite de la déposition de Loüis Colin dont la premiere partie a été raportée ci-dessus page 15. il la continuë en ces termes : *Le Depofant s'etant trouvé un jour chez Mr Gomé il lui temoigna une grande colere contre une certaine Perfonne ne se souvenant pas du nom, il dit au Depofant qu'il falloit qu'il écrivit* UNE LETTRE SOUS SA DICTION *à l'adreffe de Mr le Duc Mazarin ou de la Meilleraye pour l'avertir que cette Perfonne lui caufoit un grand dommage dans fes Forêts en Alface, & que les* MOTIFS *de la Lettre devoient être pour perdre cette Perfonne de credit, qu'il parût au Depofant qu'elle avoit dans l'efprit de l'un ou de l'autre de ces Seigneurs, ne se souvient le Depofant si la Lettre devoit être anonime ou écrite fous un autre nom que celui du Depofant & de Mr Gomé, ce que* LE DEPOSANT N'A VOULU FAIRE , *& que fur le refus il se souvient qu'il a été queftion & parlé de Hafflin, mais qu'il ne fçait si ledit Hafflin a fait ce que l'on* VOULOIT FAIRE *faire au Depofant.*

La division de ces faits & des dépositions fuprimées ne peuvent pas être exactement faites fur le propre raport de l'Accusé, & intereffant particulierement le miniftere public le Plaignant ne s'y étendra pas autant que la matiere pourroit l'exiger, il se reftraindra à quelques confiderations qui ont une commune rélation avec les premiers faits de fubornation, qu'il a imputé à l'Accusé, qui depuis l'impreffion de fon grand Factum , & pendant les dernieres Inftructions a tenté de faire fuborner les Témoins, dont il affecte aujourd'hui de méprifer les dépositions dans lefquelles ils ont perfifté.

* On a fçû qu'à la confrontation de François Buffieres l'Accusé fit interpeller ce Témoin de déclarer si depuis peu de jours il n'avoit pas avoüé à la Forge de Belfort que les faits portés en fa dépofition étoient faux, & que l'Accusé s'eft plaint de ce que le Témoin y perfiftoit au préjudice de la déclaration faite dans ladite Forge; on a fçû auffi que le Témoin pour réponfe à l'interpellation a dit, qu'on l'avoit attiré à la Forge de Belfort, que là il a dit tout ce qu'on avoit exigé de lui pour éviter les fuites des ménaces qu'on lui faifoit, & pour se tirer du danger prefent auquel il se trouvoit expofé.

L'interpellation de l'Accusé confirme la réponfe du Témoin : Eh pourquoi l'attirer dans un endroit auffi dangereux que l'eft une Forge ? Il eft défendu aux Accusés de communiquer avec les Témoins par eux ni par perfonnes interpofées directement ou indirectement à peine de mille livres, & d'être atteints & convaincus des cas à eux impofés, * l'Accusé a trésouvertement encouru cette peine.

L'Accusé se plaint page 118. de fon Factum de ce qu'on n'a pas fait entendre Claude Elie Simmottel Procureur de Buffieres, *on a craint,* dit-il , *que Simmotel ne rendit témoignage fur la fauffeté du fait inventé par Buffieres.* L'Accusé auroit-il parlé ainfi à Colmar, lui qui a affifté à la Vente de la Charge de Simmottel décedé au mois de Janvier 1721. fon Extrait mortuaire eft produit au Procés.

Il auroit fans doute été entendu avec une foule d'autres Témoins que la mort a enlevé pendant les longues tergiverfations de l'Accusé, qui n'a eu d'autres vûës que celles de laiffer déperir les preuves des faits qui étoient trés-conftans dans les premiers tems de la prife à partie, n'eft-ce pas ce qui a porté le Confeil Souverain d'Alface à joindre au Procés l'Enquête fur faits juftificatifs, quoiqu'elle ne contint que les reftes d'une preuve civile, & n'eft ce point par cette confideration qu'en 1729. il n'a plus exigé du Plaignant les autres preuves qu'il avoit offertes dans l'origine de la prife à partie.

Si on réünit cependant les differens genres des preuves des diffamations réfultantes tant de l'Enquête fur faits juftificatifs, que de la derniere information, on trouvera que le Plaignant quoique opprimé a été le plus réfervé entre tous ceux qui ont eu fujet de parler de l'Accufé, qui dans la confrontation n'a pas trouvé la reffource qu'il réclamoit dans fa Requête inferée dans l'Arrêt du Confeil d'Etat du 20. Mars 1730.

C'eft-là qu'en s'efforçant de prouver que l'Arrêt du Confeil Souverain d'Alface du 9. Juillet mil fept cent vingt-neuf avoit prématurément prejugé fa conviction, il dit, le Supliant peut lors de la confrontation propofer des reproches vallables, ou convaincre les Témoins d'avoir dépofé faux.

Il n'a fourni aucun reproche valable, ni convaincu les Témoins d'avoir dépofé faux, les preuves loin d'avoir été attenuées ont été confirmées, elles font dans un état plus parfait, qu'elles ne l'étoient lorfqu'elles ont fervi de motifs aux Arrêts contradictoires qui font intervenus entre les Parties; ces motifs qui fubfiftent en leur entier, annoncent ceux qui détermineront la Cour à rendre l'Arrêt que le Public & le Plaignant attendent de fa Juftice: *figné* FERRIER DU CHATELET.

Monfieur DE COURBOUSON
ET
Monfieur DE CAMUS
    Confeillers, Raporteurs.

COLIN Procureur.